LOS REYES TAMBIÉN LLORAN

JAIME PEÑAFIEL

LOS REYES TAMBIÉN LLORAN

Grijalbo

Penguin
Random House
Grupo Editorial

Primera edición: marzo de 2021

© 2021, Jaime Peñafiel
© 2021, Penguin Random House Grupo Editorial, S.A.U.
Travessera de Gràcia, 47-49. 08021 Barcelona

Printed in Spain — Impreso en España

ISBN: 978-84-18055-01-0
Depósito legal: B-580-2021

Compuesto en M. I. Maquetación, S. L.
Impreso en Talleres Gráficos Soler
Esplugues de Llobregat (Barcelona)

DO 5 5 0 1 0

ÍNDICE

UNA DURA INFANCIA Y EL PRIMER AMOR

El rey también llora

«Sufrir y llorar significa vivir», decía Dostoievski. «Quiero llorar porque me da la gana», escribía García Lorca. Sí, soy hombre y lloro. ¿Por qué un rey no puede llorar? ¿Por qué es indigno que un rey llore? Y recordando los versos de Garcilaso, «El cielo en sus dolores cargó la mano tanto que a sempiterno llanto y a triste soledad lo ha condenado». Solo y desamparado.

Que yo recuerde, las lágrimas de la reina Sofía y del rey en los funerales por el conde de Barcelona, el 7 de abril de 1993, en el monasterio de El Escorial, superaron todas las lágrimas que se han podido derramar. La muerte de un ser querido pone al descubierto, muchas veces, sobre todo si de la talla de unos reyes se trata, las miserias humanas de una familia. La muerte de don Juan fue un triste acontecimiento que puso de manifiesto la doble tragedia de la familia real española: por un lado, la pérdida de uno de esos hombres cuya vida fue una permanente amargura, la más dolorosa, la «traición» de su hijo; por el otro, la muerte del conde de Barcelona acercó a don Juan Carlos y a doña Sofía, aunque, por todo lo que hemos visto después, fue solo momentáneamente. Pero ese día, ¿únicamente ese día?, tanto don Juan Carlos como doña Sofía fueron fieles a las palabras de san Agustín: «Si callas, callarás con amor; si lloras, llorarás con amor». Pero las lágrimas de ese día irán siempre unidas a las lágrimas de él y de ella.

Nunca jamás hasta ese día unas lágrimas conmovieron tanto como aquellas derramadas en el monasterio de El Escorial, cuando el cadáver de don Juan desaparecía, a hombros de la comunidad de agustinos, camino del pudridero.

La reina lloraba con la mano sobre el hombro del rey, contagiada de emoción y amargura, derrumbándose al ver la tristeza que inundaba el rostro de su marido en forma de lágrimas como puños. Nunca unas lágrimas demostraron ser el resumen de tantas impresiones simultáneas. Eran como el grito que colmaba el vaso de tanto dolor reprimido, lágrimas de aflicción. Yo diría que media España lloró aquel día a causa de aquellas lágrimas de los reyes. Y la otra media se contuvo por pudor. Pero todo el mundo compartió con ellos el escozor de la tristeza.

En mi ya larga y dilatada vida profesional, en la que he visto tanto dolor y tanto llanto, no recuerdo que las lágrimas de un hombre y de una mujer merecieran

Nunca las lágrimas de una reina han sido objeto de tanta atención mediática como las de la reina doña Sofía en el entierro de su suegro, el conde de Barcelona, en el Monasterio de El Escorial.

tal cantidad de artículos, editoriales, comentarios y cartas al director como las que inspiraron las que Sofía y Juan Carlos derramaron ese día de abril de 1993. Las de ella y las del que ella amaba entonces. Pero no quisiera pensar que aquel día fue como una tregua, tregua de lágrimas, durante la cual doña Sofía no pudo por menos que manifestar por don Juan Carlos un sentimiento de ternura, incluso de piedad, que se materializó cuando colocó la mano sobre el hombro de su marido, en un gesto que era casi una caricia, tan necesaria para la vida de los sentimientos. Pero no tuvo respuesta. Tal vez porque el rey, en esos momentos como en muchos de su vida más reciente, se sentía solo con su dolor. El dolor que sentía por la traición que un día cometió sobre su padre cuando aceptó ser el heredero no de él, sino de Franco.

Ese día, las lágrimas pesaban más que las palabras. Mucho me temo que el día que muera don Juan Carlos, su hijo Felipe también derramará lágrimas de sangre al recordar el desgarro personal y la humillación a la que le sometió el 15 de marzo de 2020, cuando le retiró la asignación económica públicamente y, más adelante, el 15 de julio, sin respeto ni principios cristianos, cuando lo expulsó de la Zarzuela, que había sido su hogar durante más de cincuenta años, y de España, solo y enfermo.

Según la BBC fue una salida humillante para un monarca que parecía destinado a pasar a la historia como el líder que condujo hábilmente a España de la dictadura a la democracia, después de la muerte de Francisco Franco en noviembre de 1975.

Para el diario británico *The Guardian*, «la decisión del rey Felipe sobre su padre llegó tras las diferentes acusaciones perjudiciales sobre temas financieros que han dañado su reputación».

Ni aquel día de su marcha ni ningún otro tuvo a nadie con quien compartir sus pensamientos y consolar su soledad. Ni tan siquiera a doña Sofía, una mujer tan dura y tan realista que, en modo alguno, se compadece de sí misma por la situación de que su hijo echara a su padre de casa y de España. Yo creo que doña Sofía ha llegado a un perfecto equilibrio entre la felicidad y la simplicidad por un lado y las obligaciones de su rango por el otro. No le ha quedado más remedio, porque además no tiene ni tan siquiera a sus hijas para confiarse.

Primero fue simplemente... Juanito

El día 6 de enero de 1938, en la página 13 del *ABC* de Sevilla, el único periódico de toda España en plena guerra civil, aparecía la siguiente noticia en 13 líneas: «En Roma ha dado a luz con toda felicidad un hijo varón la princesa doña María de las Mercedes de Borbón y Orleans, esposa de don Juan de Borbón».

«En el suelto no aparecía el nombre del niño que, curiosamente, iba a ser el conciliador, treinta y siete años después, de un país roto por la guerra», escribía Juan Antonio Pérez Mateos en su documentadísimo libro *Juan Carlos: la infancia desconocida de un rey*.[1]

El propio don Juan, conde de Barcelona, recuerda el nacimiento de su hijo así: «Diré que me había ausentado de Roma para una cacería el día 4 de enero, pero el 5 amaneció con mal tiempo y de resultas nos quedamos en casa. Un cartero, en bicicleta, me trajo un telegrama del día anterior anunciándome el ingreso de mi esposa en la clínica. Naturalmente, cogí mi coche —estábamos a 200 kilómetros al norte de

---

1. Juan Antonio Pérez Mateos, *Juan Carlos: la infancia desconocida de un rey*, Barcelona, Planeta, 1980.

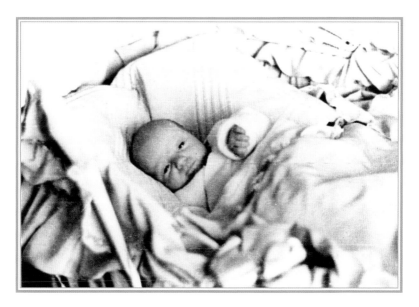

Juanito en su cuna a los pocos días de nacer.

Roma— y a toda velocidad y rompiendo una ballesta en el camino, llegué a la clínica justo a tiempo para ver nacer a mi hijo».[2]

Al parecer, el príncipe debió de nacer antes de lo que se esperaba. La noticia que se dio a la familia era «bambolo nato», es decir, «ha nacido chico».

Casi nada ha variado en el entorno natal de don Juan Carlos. Allí sigue la clínica con el único cambio de la inscripción Casa Cuna Asunción. Hoy, las religiosas que regentan la clínica enseñan orgullosas la

2. *Ibid.*

sencilla habitación con dos camas y un saloncito donde vino al mundo el rey.

La vida de los condes de Barcelona en Roma era más que modesta. Vivían en el primer piso de la Viale dei Parioli, 112, sobre una droguería, una perfumería y una peluquería. El edifico era propiedad del famoso cantante Titta Ruffo. Allí vivieron cinco años antes de trasladarse, en 1942, a Lausana, cuando Juanito cumplió cuatro años.

Al parecer, y según cuenta el autor de esta biografía, en uno de los viajes de don Juan Carlos a Roma, preguntado por un periodista, el rey manifestó no recordar exactamente dónde había vivido. El actual portero de la finca suele decir: «Aquí vivió la familia real española».

El día 26 de enero de ese año de 1938, el cardenal Giovanni Pacelli —Pío XII un año después— ofició el bautismo en la capilla de la Orden de los Caballeros de Malta y se festejó en el Gran Hotel donde, años más tarde, moriría el rey Alfonso XIII. Actuó de madrina la reina Victoria Eugenia, abuela paterna del niño, y de padrino, el infante don Jaime, en representación de don Carlos de Borbón-Dos Sicilias, padre de la condesa de Barcelona, que se encontraba en Sevilla.

Foto familiar de los cuatro hermanos en la terraza de Villa Giralda, su residencia en Estoril. De izquierda a derecha: Alfonso, Pilar, Juanito y Margarita.

Pérez Mateos cuenta que el acta bautismal de don Juanito está llena de errores y cuando menos resulta confusa. En el acta aparece doña Luisa Borbón y Orleans como madre del recién nacido. Y el apellido de la madrina, la reina Victoria Eugenia de Battenberg, escrito Wattenberg.

Según Mercedes Solano, la señorita de compañía que se ocupaba de la educación de don Juanito, «era un encanto de chico, con un corazón que no le cabía

Juanito con sus padres en Villa Giralda.

en el pecho. Aunque, de vez en cuando, le daban arrebatos que lo echaban todo a rodar, pero enseguida reconocía que no se había portado bien y lo sentía. Era muy nervioso».

Durante su estancia en Lausana, el príncipe sufrió una fortísima urticaria. «Al pobrecito le picaba la piel intensamente, pero sobrellevó la enfermedad con valentía.»

El día de la onomástica de su madre le gustaba recitarle poesías en francés y en español de Rubén Darío.

Lo de Juan Carlos vino más tarde

Cuando niño, solo era Juanito... Juanito para sus padres, Juanito para sus hermanos, Juanito para su familia y sus amigos, Juanito para sus profesores.

A lo largo de su vida, también recibiría otros nombres y apodos: «Sar» en la academia militar; el «Borbón» y «Fabiolo» en la universidad; «el Breve» entre la gente corriente. Lo de «Juan Carlos» vino más tarde.

Juanito tuvo una infancia normal, de niño de clase acomodada, con apuros para mantener las aparien-

Los hermanos Juanito y Alfonso estaban tan unidos que hasta estudiaban juntos.

cias. En aquella época veía la vida tal como era, sin pasado ni futuro, y gozaba del presente. En esos años, el tiempo no existía: un día, unas horas eran cifras atrevidas.

Entonces aún encontraba todo en nada. Juanito no conocía los sentimientos secretos del odio y del amor. Era esta la primera etapa de su vida, esa época feliz en la que los niños comienzan a amar a sus padres; luego, ya crecidos, los juzgan y, siendo mayores, hasta los perdonan. Que de todo esto ha habido y

Juanito en la finca Las Jarillas, propiedad de la familia Urquijo, donde se montó un colegio para diez niños de su misma edad.

Juanito en una habitación de Las Jarillas.

mucho, en la vida de ese niño llamado Juanito, más tarde Juan Carlos I, rey de España.

¿Qué habría sido de Juanito de no haber sido rey?

«Dios me ha colocado en este puesto y no puedo elegir. No pude ser abogado, ni economista, ni ingeniero porque tenía que ser rey. Nunca he podido responder en concreto a preguntas como esta, aunque no me la han hecho muchas veces. Quizá hubiera sido marino o aviador o ingeniero, no estoy seguro. Acaso, lo que quiero decir es que lo que me habría gustado hacer no sé si es lo que hubiera hecho.» Esta confesión me la hizo para mi libro *¡Dios salve también al rey!*[3]

Durante mucho tiempo no tuvo claro su futuro, sobre todo después de la boda de su primo Alfonso de Borbón y Dampierre con María del Carmen Martínez-Bordiú, la nietísima de Franco, enlace al que yo llamé «la boda de la conspiración».

«Estoy cansado de esta situación. Quiero saber de una vez y para siempre qué voy a hacer. Estoy aburrido», me diría en uno de nuestros encuentros en la Zarzuela con motivo de las fiestas de cumpleaños del

---

3. Jaime Peñafiel, *¡Dios salve también al rey!*, Madrid, Temas de Hoy, 1995.

príncipe Felipe y de las infantas Elena y Cristina, a las que yo acudía provisto de máquina y tarta.

Que años después fuera rey no es motivo para ocultar que don Juanito no era ninguna lumbrera. Ni de los de arriba ni de los de abajo, del montón. Ni falta que hacía para alcanzar el trono, por suerte para él, para su hijo y para el hijo o la hija de su hijo. Bastaba con ser el primogénito. Desgraciadamente, este único «mérito» ha permitido también que verdaderos tarados mentales y morales se hayan sentado en el trono. Pero esa es otra historia.

Juanito, el día de su primera comunión, con sus padres y su abuela, la reina Victoria Eugenia.

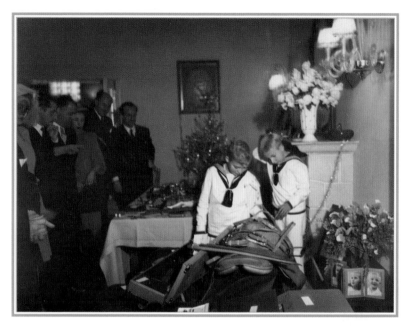

Juanito y su hermano Alfonso con los regalos recibidos el día de la primera comunión; entre ellos, una silla de montar, una tienda de campaña, un balandro, una bicicleta y un tren que se conservó durante mucho tiempo en Villa Giralda. La primera comunión se celebró con un desayuno familiar a base de chocolate y pasteles.

No se escandalicen los lectores si les cuento, como lo hice en mi libro *¡Dios salve también al rey!*, el retrato más íntimo de don Juan Carlos: que don Juanito nunca habría sido rey de haber tenido que pasar una oposición, ya que era un mal estudiante. No lo digo yo, sino su primer profesor, don Eugenio Vegas, quien lo amonestaría por su falta de aplicación. «Por este

Juanito con su madre, la condesa de Barcelona, el día de la primera comunión.

Juanito con su padre, don Juan, el 5 de enero de 1947, el mismo día que cumplía 9 años. Los dos hermanos recibieron la primera comunión de manos del cardenal Cerejeira, en Portugal.

camino, nunca podrá ganarse la vida, y tal y como está el mundo, todos debemos prepararnos para poder trabajar de un modo u otro.»

Esta reprimenda le llegó tan al fondo de su amor propio que, al día siguiente, Juanito desapareció. Cuando regresó a Villa Giralda explicó que había estado en el club de tenis recogiendo pelotas, al tiempo que le mostraba a su profesor unas monedas que le habían dado por su trabajo: «Tú creías que no me podía ganar la vida... Claro que sí».

Pero no con una actividad intelectual. Sus *hobbies* se han orientado sobre todo a las áreas técnicas. La fotografía era una de sus principales aficiones. Llegó a participar en el proyecto «Un día en la vida de España» con fotos de Sofía y las infantas en el Palacio de la Zarzuela. Su equipo se compone de varias Nikon, Canon y Leicas (una de estas, una Leicaflex, me la cambió por una Nikon que yo había comprado en un viaje a Japón; era de las primeras que veía).

Juanito era un niño dotado de un espíritu crítico, impropio de su edad. Y nada ingenuo. No se tragaba fácilmente lo que se le decía. Ni tampoco se callaba.

Dicen que, en una ocasión, estando en el colegio de los Padres Marianistas de Ville Saint-Jean, en

Friburgo, interrumpió al profesor de religión a propósito del Ave María:

«¡Qué tonterías se dicen al rezar! ¿Por qué eso de "bendito es el fruto de tu vientre"? —preguntó—. Unos dicen que los niños vienen de París, otros que los traen las cigüeñas y otros que se encuentran en un repollo... ¡Pero nada de eso es cierto!».

Entonces Juanito tenía solo... ocho años recién cumplidos.

Su primer encuentro con Franco

Rubio y bueno sin esfuerzo, era el niño que, el 24 de noviembre de 1948, entraba por vez primera en el palacio de El Pardo para conocer a Franco, el hombre que mantenía a su padre en el exilio portugués de Estoril. Ello no impidió que autorizase a su hijo, el heredero, el príncipe de Asturias, de hecho, a estudiar en España.

¡Qué ajeno estaba aquel niño de diez años y también su padre, de treinta y ocho, al maquiavélico proyecto de Franco de engañar primero a uno, luego al otro y siempre a los dos! Más tarde se vería quién había engañado a quién.

Pero el 24 de noviembre de 1948 alguien, por su cuenta, decide que Juanito acuda a cumplimentar, oficialmente, al generalísimo en el palacio de El Pardo.

Según escribe Juan Antonio Pérez Mateos en su documentado libro *El rey que vino del exilio*,[4] la visita cayó muy mal en Estoril y sus consejeros recibieron instrucciones de que, en el futuro, «don Juanito no hiciese visitas o acudiese a actos que rozaran, lo más mínimo, la política».

¿Cómo se desarrolló este primer e histórico encuentro entre un niño de diez años y un hombre de cincuenta y seis?

No faltó esa pregunta que toda persona mayor hace siempre a un niño y que a este suele molestar:

—¿Qué tal los estudios, alteza?

También se interesó el general por otros temas, como por ejemplo la lista de los reyes godos.

Pero a aquel niño, perdido en el gran sillón en el que lo habían sentado frente a Franco, aquel hombre del que, en su casa de Estoril, se hablaba tan mal porque mantenía a su padre en el exilio impidiéndole

4. Juan Antonio Pérez Mateos, *El rey que vino del exilio,* Barcelona, Planeta, 1981.

ser rey de España, lo único que le interesaba en ese primer encuentro eran las andanzas de un pequeño ratón que iba y venía tranquilamente por el despacho de Franco, unas veces bajo la mesa del dictador; otras veces bajo los propios pies del niño, que no llegaban al suelo. Era la primera vez que Juanito entraba en un palacio que en nada se parecía a Villa Giralda, su casa de Estoril, con aquel saloncito de butacas de cretona y su cama, sin cabecero, pegada a la pared.

Antes de despedirse le preguntaron si quería conocer a la señora. Doña Carmen, que debía de estar preparada, no tardó ni un minuto en presentarse.

Terminada la visita y mientras regresaba con sus acompañantes a Las Jarillas, el colegio que le habían montado con diez niños de familias aristocráticas madrileñas, entre ellos Fernando Falcó, le preguntaron a Juanito qué le había parecido la visita a El Pardo: don Juanito, un niño muy niño, supo dar su opinión tanto del general como de su esposa:

—Él es realmente muy simpático; la señora, algo menos.

Franco, por su parte, declaró:

—Todo está muy bien, pero el príncipe tiene los hombros muy altos y hay que bajárselos.

En mi libro ya citado *¡Dios salve también al rey!* y a propósito del comentario de Franco, yo escribía: «Juanito era entonces muy pequeño para tener humos».[5] De haberlos tenido, esa frase del generalísimo habría sonado muy mal. Franco no hablaba por hablar. ¡Era siempre muy sentencioso!

El día que «mató a su hermano»

Solo un año después de que causara la muerte de su hermano Alfonso, el 29 de marzo de 1956, cuando manejaban una pistola, el cadete Juan Carlos comienza así una carta a Olghina de Robilant, fechada el 29 de marzo de 1957 y escrita desde la Academia General Militar de Zaragoza: «Buenos días, Olghina. Hoy estamos a 29, mala fecha, me trae tristes recuerdos, pero en esta vida hay que vivir, pues hay que hacer de tripas corazón y seguir adelante siempre, siempre, pues para eso nos ha puesto Dios en este mundo».

Fue la primera vez que el hoy rey emérito se manifestó sobre tan dramático suceso como fue matar a

5. Jaime Peñafiel, *op. cit.*

su hermano por accidente, hecho que lo marcó para toda la vida.

Sobre tan terrible acontecimiento corrieron, en su día, diferentes versiones, todas ellas a partir del lacónico comunicado que la prensa portuguesa incluyó en todos los periódicos el viernes 30 de marzo: «Mientras su alteza, el infante Alfonso, limpiaba un revólver aquella noche con su hermano, se disparó un tiro que le alcanzó la frente y lo mató en pocos minutos. El accidente se produjo a las 20.30, después de que el infante volviera del servicio religioso del Jueves Santo, en el transcurso del cual había recibido la Santa Comunión».

En España, donde existía una inflexible censura en lo concerniente a la familia real en el exilio de Estoril, sobre todo en lo que se refería al conde de Barcelona, Franco, personalmente, tomó la decisión de hacerse eco de la nota de la prensa portuguesa e imponer un velo de silencio sobre el accidente y la muerte del infante.

La versión más realista y dramáticamente sincera la ofreció la propia doña María de las Mercedes, que contradecía frontalmente la versión oficial: «Yo estaba leyendo en mi saloncito y Juan al lado, en su despacho. De repente oí a Juanito que bajaba las escaleras diciéndole a la señorita que teníamos entonces: "No, tengo que decírselo yo". A mí se me paró la vida».[6]

Según dice Paul Preston en *Juan Carlos, el rey de un pueblo*,[7] «ambos padres subieron corriendo al cuarto de juegos, donde encontraron a su hijo en medio de un charco de sangre. Don Juan trató de reanimarlo, pero el muchacho murió en sus brazos. Lo cubrió con una bandera de España y, según Antonio Erasmo, amigo de Alfonsito, se volvió hacia Juan Carlos y dijo: "Júrame que no fue a propósito"».

La muerte de su hijo menor afligió dramáticamente a doña María de las Mercedes, que cayó en una profunda depresión... Puede que se sintiese en parte responsable del accidente porque ella había cedido a los insistentes ruegos de sus hijos y les permitió jugar con la pistola pese a la prohibición de su padre.

Según la periodista francesa Françoise Laot, la condesa de Barcelona personalmente abrió el secreter

6. Javier González de Vega, *Yo, María de Borbón*, Madrid, El País-Aguilar, 1995.
7. Paul Preston, *Juan Carlos, el rey de un pueblo*, Barcelona, Plaza & Janés, 2003.

donde estaba guardada el arma y se la dio a Juan Carlos. Treinta años más tarde del accidente, doña María de las Mercedes le dijo a esta periodista: «Yo jamás he sido desdichada salvo cuando murió mi hijo. Estaba tan afectada que tuve que pasar un tiempo en una clínica cerca de Frankfurt».

Al infante lo enterraron en el cementerio de Cascais mientras el desolado don Juan apenas podía contener su congoja y su mirada estaba cargada de una dolorida perplejidad. El príncipe asistió con el uniforme de oficial cadete de la Academia General Militar de Zaragoza. Su aspecto de distraída desolación ocultaba la agonía interior de su sentimiento de culpa. Según Paul Preston, tras la ceremonia, don Juan cogió la pistola con la que Juan Carlos había matado a su hermano y la tiró al mar. «Aquella noche —según le contó María Tornos al periodista Abel Hernández—[8] me pidieron que entrara a por una Coca-cola y encontré a don Juan solo, a oscuras, tumbado en el sofá, llorando con fuertes y profundos quejidos. Estaba destrozado.» Sus sollozos podían escucharse desde el vestíbulo de Villa Giralda.

8. Abel Hernández, *Don Juan y Juanito*, Madrid, Espasa-Calpe, 2011.

Incapaz de soportar la presencia de su hijo, le ordenó regresar inmediatamente a la academia militar.

La muerte de su hermano afectó tan profundamente a don Juan Carlos que, más solitario que nunca, se volvió huraño y comedido en sus palabras y en sus actos, acentuando su tendencia a la introspección.

Olghina de Robilant

El 7 de enero de 1986, una llamada telefónica desde Roma me ponía en contacto con el pasado de don Juan Carlos. Era Olghina de Robilant, el primer amor del hoy rey emérito, nacida el 3 de noviembre de 1934 en Venecia. Aquel encuentro veraniego de 1956 lo cuenta Olghina en su libro *Sangre azul*.[9] Él tenía dieciocho años; ella, veintidós. Fue en Portugal, refugio de tantos reyes exiliados, donde se produjo el encuentro entre Juan Carlos y Olghina, quien había dejado Venecia para vivir con su padre y su tía Olga, marquesa de Cadaval, en la localidad de Sintra.

9. Olghina de Robilant, *Sangre azul,* Milán, Arnoldo Mondadori Editore, 1991.

En aquella época en Portugal, concretamente entre Guincho, Estoril y Cascais, residían una serie de miembros de familias reales en el exilio: los condes de París, los Saboya, los Borbones, los Braganza, los Habsburgo y los Bulgaria, entre otros.

Sucedió una noche en Guincho, donde Juan Carlos se enamoró de Olghina: «Juanito acercó la mejilla a la mía. Estaba ardiendo. Sus labios se detuvieron en mi oreja y yo me eché un poco hacia atrás. "Guapa", susurró. Podría haber terminado ahí. Sin embargo,

La única imagen de don Juan Carlos junto a Olghina de Robilant, cuando eran novios.

con una naturalidad sincera y franca, Juanito se presentó en casa de mi tía para saludar a mi padre y pedirle permiso para invitarme a cenar.

»Me enamoré como una colegiala. Era una relación alegre, simpática, sin pretensiones, sin compromiso. Así que no teníamos la obligación de ser fieles. Yo no conocí al rey, conocí a un muchacho al que los amigos llamaban Juanito. Era bromista, alegre, juvenil. Me conmovía la dignidad con la que aceptaba su cárcel dorada, que censuraba sus palabras y su libertad de movimiento. Su padre, don Juan de Borbón, y el entonces caudillo Franco le habían prohibido que se casara con una chica que no fuera de familia real. Cuando se enamoró de la mujer más guapa de las casas reales europeas, María Gabriela de Saboya, luego también se lo prohibieron.»

Las cartas de amor

Esta mujer, Olghina, fue quien me ofreció las cartas de amor que el cadete y guardia marina Borbón le había escrito desde la Academia General Militar de Zaragoza, desde la Escuela Naval de Marín e incluso desde el buque escuela *Juan Sebastián Elcano*.

Se trataba de 57 cuartillas correspondientes a 19 cartas en las que no solo le hablaba de amor y de momentos muy íntimos reflejados con puntos suspensivos, sino también de sus obligaciones y sacrificios como heredero de su padre, por entonces jefe de la familia real española en el exilio.

La correspondencia directa con una joven de la que se había encaprichado no debe leerse desde la perspectiva del joven común que intenta impresionar expresándose con citas cultas, sino como el noble y digno intento de expresar sentimientos auténticos sin ofender, pero también sin correr riesgos. Juanito era honesto y no ocultaba en la correspondencia sus principales deberes. Él la amaba, pero para él, cada expresión podía constituir un exceso y un riesgo que la posteridad habría podido aprovechar. Como mucho, se permitía resumir sus sentimientos con las palabras «te quiero». Era un católico serio y practicante, como queda reflejado en una de las cartas, respetuoso con su familia y enamorado de su España.

La sinceridad, a veces ingenuidad, con la que se expresaba sorprende cuando no emociona y descubre a un hombre que buscaba su destino y que, por no decepcionar a su padre, ya que se debía a España, no le importaba sacrificar incluso a la mujer que decía amar «más que a nadie», la destinataria de la correspondencia.

«Estoy segura de no causar daño a su majestad con estas cartas que muestran un aspecto íntimo, limpio, ingenuo y a fin de cuentas ejemplar de su persona. Me parece justo mostrárselo a la gente que tiene, como él, realeza atávica pero que no tienen, como él, el deber de soportar que yo exponga un aspecto tan secreto de su pasado. No voy a pedir que se me perdone la osadía. Estoy convencida de que no hay que esperar a que sea la posteridad la que tenga derecho exclusivo sobre su pasado. Don Juan Carlos es una persona pública y como tal está sujeto a que lo recuerden tal y como fue. Prefiero ofrecer como homenaje a su majestad unos textos que no serán vilmente póstumos y que tiñen de humanidad la figura de un joven convertido en rey. Un buen rey. Precisamente porque fue un buen muchacho.» Todo esto, en definitiva, para explicar que el joven Juanito de Borbón, desde los dieciséis años, se movía en un laberinto de tentaciones y muros franqueables con la delicadeza de un gato en el exilio de Portugal. Las chicas locales y las exiliadas competían en el intento de enredarlo.

Recordando la letra de *Cuando se quiere de veras*, sus cartas no son diferentes de las de aquellos solda-ditos de antaño, enamorados de aquellas «chicas que tienen que servir» de entonces. Si uno reflexiona so-bre estas cartas, solo puede quedar impactado por su cándida sencillez y su religiosidad.

«Son las 7 de la mañana, me he levantado a las 6.15 h y a las 6.30 h he ido a comulgar. Trato de ha-cerlo todos los días cuando estoy en gracia de Jesús. A las 7 menos cuarto empiezo a estudiar, pero me es imposible porque ya estoy otra vez contigo, mi cielo».

«¿Quieres saber lo que me pasó la primera tarde cuando llegué a mi cuarto del hotel? Que entré y el corazón me dio un vuelco, pues el perfume era el mis-mísimo que el tuyo y me dije: "No puede ser que esté aquí Olghina, es realmente imposible". Desgraciada-mente no estabas o a lo mejor por suerte, pues yo creo que te hubiera comido, ¿entiendes?

»Ahora mismo estoy pensando en ti sentado en mi mesa cenando en mi cuarto y comiéndome una chocolatina. Y me creo que eres tú la que desaparece dentro de mí. No sabes cómo pienso en todo lo tuyo y me imagino el momento de poder juntar mis labios con los tuyos tan calientes. Perdona, pero me pongo a escribir tonterías y no quiero.»

Proyectos sentimentales

La correspondencia privada es ese género epistolar del que la literatura ofrece grandes ejemplos. El siglo XX vivió el momento de máximo apogeo de este género, convertido incluso en una forma literaria cultivada por numerosos escritores. Famosas son las cartas de Marcel Proust o las de Rainer Maria Rilke pero, sobre todo, las de Gustave Flaubert dirigidas a su amante y colega Louise Colet. O las de André Gide a su esposa Madeleine, que él pensó utilizar como base de sus memorias, pero que ella quemó cuando el escritor se fue a Inglaterra con su joven amante, ¡lógico! Es lo primero que se destruye cuando el desamor irrumpe en la pareja. Pero ninguna como las que Juan Ramón Jiménez escribió a Zenobia Camprubí, cuando el poeta de Moguer emprendió el asedio epistolar a una joven inteligente, independiente, políglota, culta, vital y atractiva como era Zenobia: ochocientas cartas en dos años. En una de octubre de 1913, le promete una vida plena, feliz, casi divina y radiante si se casa con él.

Las cartas de don Juan Carlos a Olghina se leen como un diario, porque abarcan la vida de varios años en los que escribe de sus proyectos vitales y hasta políticos, sus viajes, su trabajo en las Escuelas Militares y durante la travesía en el buque escuela *Juan Sebastián Elcano*, pero, sobre todo, sus proyectos sentimentales. Le pregunta a Olghina cómo y dónde encontrar su rumbo en la oscuridad, en su vida solitaria. Se trata de unos textos juguetones, íntimos, una delicia, aunque transmiten la impresión de soledad. Hablando de sí mismo con aparente facilidad y franqueza, en el abismo de su vida interior, lanza chorros de frases desconcertantes:

«Tú sigue tu camino y yo el mío [...]. Además, yo todavía tengo tiempo para pensar en el matrimonio y tú (la verdad es que no lo sé, pues no tengo la menor idea de cuántos años cumples). Pero tienes que prometerme un porvenir serio y seguro y [...] hacer lo que más te convenga. ¿No es así, amor mío? ¿No te das cuenta de que si te pasa algo...? No lo sé. Pero si yo te olvido, te puedo estropear y causar pena. No quiero ser un obstáculo en tu vida. Sí [...] te he querido y te sigo queriendo y mucho, pero me lo trago, me lo meto para dentro y ya está. Me acuerdo perfectamente de los días en que fuimos al cine y a nuestra plaza de Guincho para ver las estrellas y soñar en cosas maravillosas e inalcanzables, pero lo pasamos divinamente.

»No tengo ni idea de cuándo será la próxima vez...
Igual puede ser dentro de dos meses como dentro de
dos, tres, cinco, seis años, mi amor.» Y le comunica el
viaje por el mundo que hará desde enero a julio de
1958. En carta con el membrete de *Juan Sebastián Elcano. Guardias marinas:* «... Lo que deseo es tenerte
en mis brazos el mayor tiempo posible... ¿tú qué piensas?, ¿te apetece eso o no? ¿Me lo dirás? Cuando nos
volvamos a ver tendremos más ganas de estar el uno
junto al otro, cuando y donde te vea, ¿y tú?

»Recibí tu carta justo el día de mi santo, el 24, San
Juan Bautista, pero no sé por qué yo no me esperaba
ninguna carta tuya, pues tardaste tanto en escribirme
que me dije para mí: "Me ha olvidado y ya no quiere
nada conmigo". Estaba hecho polvo.

»Te adoro... no sé cómo decírtelo, pero sí cómo de-
mostrártelo.»

Y el 18 de marzo de 1957, con membrete de la Academia General Militar: «Ayer recibí tu carta, que me
gustó mucho. Yo también te quiero. ¿Y tú...? Que a nadie le diré nada de lo nuestro, así que estamos en paz,
¿no? Estoy esperando recibir una buena foto tuya
para tenerla yo y mirarla todos los días y a todas horas, ¿de acuerdo?».

Y el 5 de marzo de 1957: «Sé muy bien que no piensas solo en el príncipe, sino que te das cuenta y muy bien de la vida y me alegro... Cielo mío, te prometo que ahora mismo estoy loco por ti y por verte, me gustaría ser lo que tú has dicho, una *colomba*.

»He estado dos días en cama con bronquitis y me he acordado mucho de ti. Pensaba que la almohada eras tú y que me decías cosas. Y así me dormía. Todo sueños, ¿no es verdad?»

A veces recurre a citas no precisamente intelectuales cuando, después de firmar «Juanito», añade: «que te quiere de veras. Como te quiero yo a ti es imposible, mi vida».

Y desde la Escuela Naval Militar de Marín le escribe a Olghina, el 27 de noviembre de 1957, la siguiente carta después de una crisis sentimental: «Te parecerá raro que te escriba después de pelearte conmigo. Por una tontería ensombreces una amistad como la que tenemos. Sinceramente te digo que no sé de quién fue la culpa. A lo mejor tú dirás al leer esto: ¡caramba, este tío qué cínico!, pero no lo pienses, pues no es así. Si en aquel momento reaccioné así, fue porque sé que tú hacías cosas que a mí no me gustaban y quiero que por encima de todo sepas que siempre que alguien ha hablado de ti, te he defendido y quiero también que sepas que el último día en

Rapallo me peleé con tía Crista, pues tuvimos en su casa una discusión muy fuerte. Me habría alegrado infinito que en aquel momento hubieras estado presente, pero desgraciadamente no fue así; o sea que no tengas tantos motivos como para acabar así una amistad, sino que me gustaría que me dieras otra oportunidad».

El deber a España y a su padre

Pero Juanito era así, directo, fino y exuberante. Estas cartas en las que le pregunta a Olghina «a lo peor te molesta que te escriba solo en español, pero a mí me salen las cosas que te digo más bonitas y me gustan más así, ¿y a ti?» son el resultado de una adolescencia sin pasión, que asoma detrás de los numerosos signos de interrogación, detrás de las frases banales que cuentan sus días, detrás del romanticismo ligado a lo lícito y lo popular: «Si quieres que te descubra mi corazón, te quiero más que a nadie ahora mismo».

«Yo te quiero y tú me quieres, y nos adoramos —confiesa en una carta desde la Academia General Militar de Zaragoza, el 1 de mayo de 1957—, pero comprende, y además es mi obligación, que no puedo casarme contigo y por eso tengo que pensar en otra. La única que he visto por el momento que me atrae, física y moralmente, por todo, muchísimo, es Gabriela. Espero, o mejor dicho, creo prudente, por ahora, no hablarle de nada en serio o darle a entender algo que no sepa... Yo por mí podría seguir queriéndote, años y años, pero no sería yo, sería mi subconsciente, pues a mí no mi cuerpo sino mi alma me tira a seguir de pe a pa los pasos de mi padre y no traicionarlo nunca [...] yo me debo a España [...]. Tú misma me dijiste un día en Guincho qué bonito es soñar, y es verdad. Dejémonos de cosas tristes.»

Tan tristes como no casarse con María Gabriela, de la que hablaremos a continuación, y sí con Sofía, a la que nunca amó.

Pero sigamos con las cartas que descubren la atormentada vida de un joven a quien su padre, por un lado, y Franco, por otro, intentaban marcarle y controlarle. Los dos eran el peor estorbo para su futuro, por no tener en cuenta que cada vida se hace su destino. Y don Juan Carlos se abandonó adaptándose a las circunstancias incluso de la disciplina paterna, como le cuenta a Olghina: «La última noche de estar contigo llegué, después de dejarte en la tuya, a las 6.15 de la mañana. Y en el campo de golf me encontré con Juan, el mecánico, que había salido a buscarme. Y al regreso a casa, me encontré con mi padre, que también había salido en otro coche a buscarme. Y yo, mientras tanto... charlando contigo dentro del coche en Sintra. No sabes la bronca que me echó papá. ¿Qué es lo que estabais haciendo? ¡A lo mejor...!»

El motivo de la venta de estas intimidades por parte de Olghina no era otro, por supuesto, que el económico, como me reconoció sin vergüenza y sin pudor. No solo me vendía la privacidad de una vida, sino la intimidad de una relación reflejada en unas cartas de amor.

Para venderme estas apasionadas y apasionantes cartas, Olghina viajó directamente desde Roma, donde residía, a Madrid. Y sin temblarle la voz me pidió... diez millones de pesetas de las de entonces.

Observando a aquella dama italiana de aspecto más que vulgar, de larga y descuidada melena, grandes gafas graduadas y bien entrada en carnes, no me podía imaginar que fuera el primer gran amor de don Juan Carlos. Cuando le mostré al rey las fotografías que tomé de Olghina en mi despacho, fue como si aquella visión lo arrojara al paraíso. ¡Ah! Tiempo cruel que destruía la dulce rosa de ayer. Su rostro mientras la foto penetraba en su corazón lo decía todo. Mirándola en silencio con interés y detenimiento durante largo tiempo, me dijo con tristeza, después de contemplar, mirar, observar, examinar, ¿imaginar adónde se había ido aquella belleza que tanto amó?: «Cuando era mi novia, era muy bonita». «Pero dejemos que el pasado sea pasado, señor,» le dije, intentando consolarle a sabiendas de que no buscaba mi consuelo ni mi apoyo.

Sabino no entendía la preocupación del rey

Cuando tuve las cartas en las manos y la cantidad que pedía por ellas, telefoneé al general Sabino Fernández Campo, entonces jefe de la Casa de Su Majestad y no jefe de la Casa Real, como la prensa española equivocadamente escribe, ignorando que el jefe de la Casa Real es... el rey. Cuando Sabino supo lo de las cartas, regresó inmediatamente de Oviedo, donde se encontraba, para hacerse cargo del delicado asunto. La orden del rey fue que se compraran las cartas de inmediato para evitar su publicación. Cuando Sabino las leyó se quedó tan sorprendido por la candidez y sencillez de sus contenidos que no entendía la preocupación del monarca. Si no debían publicarse era precisamente porque reflejaban no momentos íntimos y sexuales de su relación con Olghina, sino el poco o nulo nivel intelectual del Juan Carlos de entonces. Leyéndolas, el personal podría preguntarse cómo un joven que se manifestaba así con veinte años había llegado a ser rey de España.

«El Manquillo»

«¿Sabes quién pagó esos diez millones?», me preguntó meses después Manuel Prado y Colón de Carvajal, el hombre que presumía de manejar los dineros del rey durante más de veinte años y que estuvo envuelto, en los últimos de su vida, en polémicas aventuras económicas. Ante esta pregunta, me acordé de las palabras de André Gide cuando escribió: «Hay más respuestas en el cielo que preguntas en los labios de los hombres».

Años más tarde presumió diciéndome: «Las pagué yo». «Sería con el dinero del rey que tú administras», le respondí. Y se cabreó. Como cabreado estuvo conmigo cuando me hice eco de las listas de los «amigos peligrosos del rey». Una de las grandes servidumbres de la Corona. Entre otros motivos porque la amistad es una igualdad armoniosa, una relación entre semejantes y, tratándose del rey, esa igualdad no es posible. De existir, debe tomarse tan solo como un honor que obliga y no como un salvoconducto que legitima.

Cierto es que los peores son los que no presumen de esa amistad pero se valen de ella para obtener sustanciosos beneficios, como hacía Manuel Prado y Colón de Carvajal. Lo que no me perdonó jamás es que pusiera de manifiesto la presunta interrupción de su amistad con el rey y que todo el mundo se enterara por mí. Ignoro los motivos, porque la culpa no la tuve yo, sino una corrida de toros en Las Ventas. Yo desconocía la descortesía del torero Rivera Ordóñez de no brindarle al rey el toro que lidiaba, como era tradición. Al parecer, y según el periodista Jesús Cacho en un artículo de *El Mundo*, el torero se atrevió a reprochar a don Juan Carlos que no telefoneara a su amigo Manuel Prado, «que llama y llama y nadie le responde, señor». Ante tan impertinente atrevimiento, el rey lo miró de arriba abajo y le dio la espalda.

Tras su paso por la cárcel, «el Manquillo», como se le conocía, comenzó a redactar unas increíbles memorias que debían publicarse nueve años después de su muerte, ocurrida en 2009, a los setenta y ocho años. Y las escribió: «Para que mis hijos sepan que su padre no ha sido el delincuente, el estafador, el beneficiado intendente real con que ha sido mostrado en el cadalso del escarnio público».[10]

Él mismo hacía constar en el prólogo: «Sé que habrá muchos que se preguntarán por lo que tendrá que contar ese probable caradura llamado Manuel Prado, el aristócrata del latrocinio, al que tan bien se le han pagado los servicios prestados, sobre todo los silencios que de alguna manera puede que hasta sean impagables».

No sabía que yo fuera tan importante para que me odiara tanto, hasta el extremo de dedicarme cinco páginas llenas no solo de chismorreos, sino de insultos y falsedades, entre ellas las del pago de los diez famosos millones a Olghina. Me los entregó en mano y en *cash* el propio Sabino, con billetes de 5.000 pesetas del número 5107001 al 510800, que yo le entregué

10. Manuel Prado y Colón de Carvajal, *Una lealtad real. Memorias*, Madrid, Almuzara, 2018.

a la condesa italiana en mi despacho, después de firmar los siguientes acuerdos:

1.º La señora Olga de Robilant cede la propiedad material y el *copyright* en exclusiva mundial de 19 cartas (57 cuartillas) manuscritas de don Juan Carlos de Borbón dirigidas a ella.

2.º Por dicha cesión, la señora Olga de Robilant recibe un importe X que se le hace efectivo.

Olghina de Robilant en el despacho del autor, cuando vino de Roma a venderle las cartas que hoy publicamos.

3.º En el momento de la cesión de los aludidos manuscritos, la señora Olga de Robilant declara que no existen otras cartas de Juan Carlos de Borbón dirigidas a ella, por lo que debe entenderse que ha cedido la totalidad de la correspondencia.

4.º Jaime Peñafiel, en el momento de firmar estos acuerdos, declara reservar para sí cualquier decisión sobre la publicación de algún escrito o escritos relacionados con dicha correspondencia.

Madrid, 8 de enero de 1986.

Firman Olga de Robilant y Jaime Peñafiel

Alma presente y cuerpo distante

El fin de la historia entre Juan Carlos y Olghina tiene dos versiones de la propia Olghina. Una, en un documento que me dejó, y otra, la de su desvergonzado libro *Reina de corazones*.[11] En la primera versión, escribe textualmente: «Un día (se estaban celebrando en Roma los Juegos Olímpicos del 60) Juanito vino a buscarme a un local nocturno de la capital de Roma.

11. Olghina de Robilant, *Reina de corazones, Barcelona, Grijalbo, 1993.*

Y vino a contarme en exclusiva secretísima que se acababa de comprometer con una joven maravillosa, Sofía de Grecia, de la que se había enamorado, que no quería hacerme daño, pero deseaba mi aprobación. "Quiero que compartas mi felicidad dándome tu amistad." Me enseñó un pequeño anillo de compromiso, con dos corazones de rubí, y esa misma tarde decidimos que no nos volveríamos a ver. Ni nos volveríamos a escribir. Fue el adiós. Y fue un bellísimo adiós».

Y tan bellísimo, porque, según cuenta en su citado libro, don Juan Carlos, de paso hacia Ginebra, donde el 13 de septiembre de 1961 (hasta se equivoca en las fechas) tendría lugar la petición de mano, hace noche el 11 de septiembre en Roma, donde de forma casual o por haberlo acordado previamente se encuentra con Olghina. Después de bailar hasta la madrugada, en un local de Via Veneto, entonces muy de moda, la pareja, «arrebatada de pasión», toma un taxi y se dirige a la pensión Pasiello, un lugar «horrible» que la imaginación convierte en un jardín de La Alhambra.

Don Juan Carlos le cuenta que se ha prometido con la princesa Sofía de Grecia y le enseña el anillo de pedida que le ha comprado. Esta anécdota pone de manifiesto que la historia de los reyes eméritos no ha sido la historia de un gran amor, ni tan siquiera una historia de amor. Al menos, por parte de él... no lo fue.

LA AZAROSA VIDA SENTIMENTAL DE JUAN CARLOS

María Gabriela

La única que me atrae es María Gabriela

De todas las mujeres que ha habido en la vida de don Juan Carlos, las conocidas y por conocer, ninguna como la princesa italiana María Gabriela Giuseppa Aldegonda Adelaida Ludovica Felicita Gennara de Saboya, hija del breve rey de Italia, Humberto II y de María José de Bélgica. Aunque la pretendieron el sah de Persia —a quien rechazó en 1957— y el rey Balduino de Bélgica, su gran amor fue Juan Carlos de Borbón. Su nombre aparece varias veces en la correspondencia de Olghina de Robilant que hemos comentado. La referencia a la princesa italiana en la carta fechada el 1 de mayo de 1957 no deja duda sobre los sentimientos del Borbón por la princesa de Saboya: «La única que he visto por el momento que me atrae, física y moralmente, por todo, muchísimo, es Gabriela». Y se lo escribe a la mujer de la que entonces estaba enamorado hasta el extremo de escribirle: «Me gustaría mucho casarme contigo, pero tengo la obligación de hacerlo con María Gabriela».

En la vida de don Juan Carlos, como en la de la mayoría de los seres humanos, hombres y mujeres, siempre o casi siempre ha habido un primer amor que, por diferentes circunstancias, no terminó en boda.

Ningún historiador se atreve, ¿por ignorancia?, ¿por una falsa ridiculez y caritativo respeto?, a mencionar que la boda de Juan Carlos y Sofía se produjo después del triste final de dos relaciones amorosas, la de la entonces princesa Sofía de Grecia con el príncipe Harald, hoy rey de Noruega, y la del príncipe español Juan Carlos con la princesa italiana María Gabriela, su auténtico y gran amor.

Lo de Juan Carlos, «razones de estado»

Casi al mismo tiempo que la princesa Sofía vivía su primer amor y sufría su primer desengaño, el príncipe Juan Carlos, con la misma edad, también experimentaba aquello de que quien no ama ignora la alegría de vivir, y que es mejor que se malogre un primer y hasta un segundo amor de juventud que el hecho de no enamorarse cuando se tiene edad para ello. La juventud es una embriaguez continua, es la fiebre de la razón, como dijo alguien que, en su día, también fue joven.

Nadie sabría decir como Henrik Ibsen qué es el amor ni nadie puede explicar sobre qué se funda esta deliciosa fe de que un ser pueda existir para la felicidad de otro. Esto debió de pensar el príncipe Juan Carlos de la princesa María Gabriela, la joven con la que, al igual que Sofía con Harald, pudo haberse casado si los hoy reyes eméritos no hubieran ignorado que el corazón tiene cárceles que la inteligencia no abre y que, como decía Jean Cocteau, «la juventud sabe lo que no quiere antes de saber lo que quiere».

Si en el caso de la princesa Sofía los motivos que impidieron el *happy end* de la historia fueron el engaño, en el del príncipe español y la princesa italiana de la Casa de Saboya fueron «razones de Estado», como veremos a continuación.

Cierto es que el noviazgo de Juan Carlos y María Gabriela, por cuestiones geográficas, podía considerarse algo normal y natural, casi obligado, ya que la familia de los condes de Barcelona y la del exrey Humberto II de Italia eran vecinas. Ambas vivían exiliadas de sus respectivos países: el pretendiente español, en Villa Giralda, en Estoril; el italiano, en Villa Itálica, en Cascais. Sus hijos son íntimos amigos desde la infancia y ambos han nacido en Italia: Juanito en Roma en 1938, María Gabriela en Nápoles en 1940. Los dos son altos y rubios, de ojos azules y católicos.

Por entonces se llegó a rumorear que, de no haber sido por la trágica muerte del infante Alfonsito, el noviazgo se habría formalizado en el verano de 1956.

De todas formas, los dos jóvenes siempre están juntos, no solo en Cascais y Estoril, donde viven, sino en viajes como el que realizaron en 1957, para asistir a la boda de la princesa Hélène, la hija mayor de los condes de París.

Cierto es que Juanito sabe que tanto su padre como Humberto II están de acuerdo con el noviazgo con Gabriela, aunque don Juan habría preferido a la princesa Alejandra de Kent, con el fin de estrechar los lazos de los Borbones con la familia real británica.

Una prueba elocuente de que los sentimientos entre Juanito y María Gabriela son recíprocos —ella lo considera un hombre bueno sin esfuerzo— es que la fotografía de la princesa de Saboya está en la mesilla de noche del príncipe en la Academia General Militar de Zaragoza.

El principio del fin de este noviazgo «por razones de Estado» tuvo lugar cuando el director de la Academia, posiblemente a sugerencia del duque de la Torre —el preceptor del príncipe impuesto por el general Franco— pidió a Juan Carlos que retirara la fotografía de Gabriela de la mesilla de noche: «El generalísimo podría disgustarse en caso de que viniera a hacer una visita a la Academia».

El argumento esgrimido, además de suponer una intromisión en la vida privada, íntima, del cadete, suponía un atropello a la libertad, a los derechos humanos y a los sentimientos de la persona, amén de un ridículo servilismo a la voluntad caprichosa del dictador. Es cierto que Franco le confesó a su primo, jefe de la Casa Militar y secretario privado, Francisco Franco Salgado-Araujo, que no le gustaba María

Gabriela por ser «excesivamente libre con ideas demasiado modernas».

El duque de la Torre aconseja a Juan Carlos que
deje de telefonear a la princesa de Saboya. Françoise
Laot asegura: «Juanito no tiene intención de desobe-
decer y se somete sin rebelarse».

Aunque entre todos hirieron de muerte aquel
amor, no consiguieron matarlo del todo. El rescoldo
de estos sentimientos hacia María Gabriela se man-

Fue deseo de don Juan Carlos que la princesa María Gabriela (primera a la izquierda) estuviera presente en la misa de Coronación
como rey en el templo de Los Jerónimos.

tuvieron con el paso de los años hasta el extremo de que fue deseo de Juan Carlos que ella estuviera presente y en la primera fila, como puede verse en la fotografía que publicamos, en la misa de Coronación en el templo de Los Jerónimos, oficiada por el cardenal Vicente Enrique y Tarancón el 28 de noviembre de 1975.

También coincidí con María Gabriela en varias cacerías organizadas por Antonio Guerrero Burgos para Franco, y a las que asistía siempre el príncipe Juan Carlos, como se puede ver en otra de las fotografías.

No hace mucho tiempo, don Juan Carlos reconoció a la periodista francesa: «Habría debido, es verdad, casarme con María Gabriela».

Pensando en estos primeros amores del rey y de Sofía, y en todo lo que han sufrido en su matrimonio, uno no puede sino reflexionar que resulta muy triste que la felicidad de un hombre y de una mujer tenga que depender, con el paso de los años, del hombre y de la mujer con los que no pudieron casarse.

Ni Juan Carlos ni María Gabriela fueron felices en sus respectivos matrimonios después de que lo de ellos fuera imposible por esas «razones de Estado» de las que he hablado. Lo de Juanito y Sofía es una de

El autor de este libro con el príncipe Juan Carlos en una cacería en la finca El Cerro de Prim, en los Montes de Toledo, propiedad del prestigioso abogado Antonio Guerrero Burgos.

las más tristes historias de amor; la de María Gabriela con el financiero Robert Zellinger de Balkany, a cuya boda asistí, el 21 junio de 1969, en el castillo de Balsan en la Costa Azul, tampoco fue dichosa. Aunque la relación duró varios años, acabó en divorcio, como la de todas las hijas de Humberto de Italia, empezando por su propio matrimonio con la reina María José.

¿Habrían sido más felices casándose Juan Carlos con María Gabriela y Sofía con Harald de Noruega?

Franco le interceptó las cartas de amor con una brasileña

Juan Felipe de Ranero y José Ibáñez Martín, los dos representantes de Franco en Grecia y Portugal, andaban como locos intentando enterarse para informar al caudillo de lo que estaba pasando. A él le inquietaba no saber lo que se estaba cociendo en la corte griega y en Estoril.

¡Él, que estaba siempre al corriente de todas las aventuras sentimentales y sexuales de su protegido, el príncipe, hasta el extremo de interceptar las cartas de amor que le escribía una bellísima joven brasileña

El entonces príncipe Juan Carlos con el general Franco, para quien era el hijo que le hubiera gustado tener.

de la que Juan Carlos se había enamoriscado locamente! Es una historia poco o nada conocida. Se trataba de una joven a quien había conocido durante una escala en Río de Janeiro del buque escuela *Juan Sebastián Elcano*, en el que el cadete Borbón realizaba prácticas de marino. Siguiendo la costumbre, se organizó un gran baile en honor de los cadetes españoles. Juan Carlos se entusiasmó, apasionadamente, con una hermosa joven con la que estuvo bailando toda

El príncipe Juan Carlos con Franco, a su llegada al pazo de Meirás.

la noche. Al despedirse, le prometió que le escribiría todos los días. A don Juan Carlos eso de escribir se le daba muy bien, como hemos visto en la correspondencia con Olghina.

Como había prometido, el príncipe comenzó a escribirle. Pero, ante su sorpresa, las cartas no tuvieron respuesta. Hasta que se cansó, disgustado y humillado de que «alguien que había mostrado tanto interés por mí pudiera haberme olvidado tan repentinamente», según cita Helena Matheopoulos en su libro *Juan Carlos I: el rey de nuestro tiempo*.[12]

Pasarían varios años hasta conocer la causa. El día que don Juan Carlos acudió a ver al general para comunicarle el compromiso matrimonial con la princesa Sofía —que el conde de Barcelona le había ocultado hasta el último momento—, «Franco, con un guiño, le entregó un paquete de cartas atadas con un lazo. Al parecer, se las habían intervenido los servicios de seguridad para entregárselas a Franco».[13] Así se las gastaba el dictador con su protegido, a quien controlaba hasta esos extremos.

12. Helena Matheopoulos, *Juan Carlos I: el rey de nuestro tiempo*, Madrid, Javier Vergara, 1996.

13. Helena Matheopoulos, *op. cit.*

Sofía de Grecia

El amor de Sofía fue un cruel engaño

Aunque la reina Sofía desmintió «rotundamente» la historia de su primer amor, ¡mentía descarada y cínicamente! La periodista y escritora francesa Françoise Laot, redactora jefa de la revista *Point de Vue* —el *¡Hola!* francés—, aborda en su libro *Juan Carlos y Sofía. Un reino. Una familia*[14] el tema de Sofía y Harald en los siguientes términos: «En 1956, Sofía cumple dieciocho años. Su madre, la reina Federica [la gran celestina endogámica, digo yo], intenta orientar a su hija mayor hacia una monarquía del norte y el único futuro rey en edad de tomar esposa es Harald de Noruega».

Y la revista *¡Hola!,* en su número 837, de septiembre de 1960, publica: «Todo empezó en Estocolmo, en 1958, durante una visita de la familia real griega a los países escandinavos. Desde ese momento se comenzó a hablar de ese idilio, sobre todo después del baile ofrecido por el rey Olav de Noruega a los soberanos

---

14. Françoise Laot, *Juan Carlos y Sofía. Un reino. Una familia*, Madrid, Espasa-Calpe, 1988.

A doña Sofía siempre le han gustado los perros pequeños, mientras que a don Juan Carlos, los grandes, como el pastor alemán y el golden retriever.

griegos, o mejor dicho a los príncipes griegos y escandinavos que allí concurrían.

»Sofía bailó incansablemente con el príncipe heredero Harald y solo con él. Al día siguiente, todo Oslo hablaba de Sofía como la novia de Harald. No había duda, la princesa Sofía se había enamorado. Su príncipe azul reunía todas las condiciones: era guapo, agradable y un día sería rey de Noruega.»

Inmediatamente, la celestina real invitó a Harald a pasar unas vacaciones en la isla de Corfú, «ese lugar ideal para enamorarse», según Federica. La información venía ilustrada con una fotografía a tres columnas con el siguiente pie: «La princesa Sofía de Grecia y el príncipe Harald de Noruega —ambos en bañador— durante un paseo en lancha durante sus vacaciones en Corfú».

Pero Harald no actuó con la nobleza que no solo a un príncipe sino a cualquier hombre se le exige en relación con una mujer enamorada que cree ser correspondida. Se negó a formalizar el noviazgo y anunciarlo oficialmente, aunque Sofía estaba radiantemente feliz. La pesadilla y la amargura de un amor no correspondido comenzaron cuando todo parecía a punto de convertirse en feliz realidad. El miserable de Harald, finalmente, se atrevió a comunicar a su padre el rey Olav que no podía cumplir porque quería a otra mujer, Sonia, de la que estaba secretamente enamorado. ¡Podía haberlo hecho antes y no haber dejado a la pobre princesa Sofía públicamente plantada y sin novio! Con Sonia se casaría más tarde, convirtiéndola en la actual reina que podía haber sido Sofía, víctima de un cruel «engaño». Por ello prefiere negar que tal noviazgo existió.

El conde de Barcelona lo engañó

Franco, que sospechaba que algo se estaba tramando a sus espaldas, ordenó al embajador en Lisboa, Ibáñez Martín, quien había sustituido a su hermano Nicolás Franco, acudir a visitar a don Juan para preguntarle, directamente, sobre los rumores de un supuesto idilio de su hijo con la princesa Sofía de Grecia. Así lo hizo el 28 de julio, nada más regresar de Corfú el conde de Barcelona, quien tuvo el cinismo de negarlo. Según Paul Preston, don Juan informó al embajador: «Estos rumores son absolutamente falsos». Ibáñez Martín así se lo transmitió a Franco. «La relación entre Juan Carlos y Sofía estaba solo comenzando y era imposible vaticinar qué podía pasar

[...]. Pero don Juan estaba claramente resuelto a que el caudillo fuese el último en enterarse».[15] El general, que no era tonto, intuía que don Juan lo estaba engañando. Y en un desesperado y último intento por saber la verdad, envió a Lisboa incluso a Laureano López Rodó. «No hay nada, excelencia», fue su respuesta.

Esto sucedía el 11 de septiembre de 1962. El 12, don Juan toma un avión en el aeropuerto de Lisboa con dirección a Ginebra. El embajador, como era costumbre, acude a despedirle. Estaba tan desesperado por la presión que recibía de El Pardo que solo le faltó ponerse de rodillas ante el conde de Barcelona, a quien se dirigió llamándole... ¡¡¡Majestad!!! Le suplicó que le informara si había algo del compromiso matrimonial del príncipe y cuál era el motivo de su viaje. «Nada, embajador, nada de nada. Todo lo que se diga es pura fantasía. El motivo de mi viaje es visitar a mi madre».

El jefe de la familia real española emprendió viaje a Lausana para la ceremonia de petición de mano a los reyes de Grecia de su hija Sofía, satisfecho de haber humillado a Franco en la persona de su embajador.

15. Paul Preston, *op. cit.*

«El pobre me ha llamado incluso majestad», diría con cruel ironía don Juan.

Mientras tanto, el embajador telegrafiaba a Franco para informarlo: «Excelencia, he hablado con el conde de Barcelona y me ha dicho que no hay nada cierto sobre lo del príncipe y la princesa griega. Que todo es pura fantasía. Misión cumplida».

Franco se lo devolvió

Laureano López Rodó, en su libro *La larga marcha hacia la monarquía*,[16] recuerda este desagradable incidente entre dos hombres que se odiaban y no sabían cómo agredirse. «Esto ocurría como a las cuatro de la tarde. Ibáñez Martín me lo contó a la hora de la cena y al día siguiente, 13, durante el desayuno, cuando acababa de leer en la primera página de todos los periódicos de Lisboa el anuncio del compromiso matrimonial entre el príncipe don Juan Carlos y la princesa Sofía, Ibáñez se quedó pálido, blanco como una hoja de papel; no he visto hombre más derrumbado.

16. Laureano López Rodó, *La larga marcha hacia la monarquía*, Barcelona, Noguer, 1997.

La censura franquista prohibió todas aquellas fotografías en las que aparecía el conde de Barcelona. Aquí con la reina Federica, madre de la novia.

"Inconcebible, esto no se puede hacer", me decía consternado. Su desliz había sido fenomenal, porque al regresar del aeropuerto había puesto un telegrama a Franco diciendo que no había nada de nada.

»En definitiva, por las razones que fuera, don Juan quiso subrayar su total independencia respecto a Franco y poner de manifiesto que la boda de su hijo la decidía él con los reyes de Grecia, y que el jefe del Estado español era absolutamente ajeno a este asunto, de donde resultaba que la boda no era asunto de Estado.»

Al día siguiente, don Juan pensó que debía informar a Franco del feliz acontecimiento. El generalísimo, que se encontraba en su yate, el *Azor*, recibió la noticia por radio, por lo que había muchas interferencias. Ni aun gritando lograba que se le oyera, aunque explicó al caudillo el compromiso del príncipe. Franco, que estaba muy cabreado por el desaire que don Juan le había hecho, lo interrumpió diciéndole: «Alteza, espere, espere...», y se retiró de la línea durante varios minutos dejando al conde de Barcelona con la palabra en la boca... tantos que don Juan le pasó el teléfono a su secretario, Ramón Padilla, y se fue a tomar una copa. Cuando este le dijo que Franco estaba de nuevo en la línea, tomó el teléfono para oírle leer, en un estilo lento y forzado, unas palabras de fría e irritada felicitación que había escrito: «Dé la enhorabuena a don Juan Carlos y dígale que les deseo mucha felicidad a los novios, a los reyes de Grecia y a don Juan y doña María, esperando que el acontecimiento sea un bien para la nación española».

Así transmitía su felicitación en una fórmula ñoña y muy extendida, pero que él, por si acaso, emitía apoyándose en un borrador. La reina Sofía, frente a las críticas por el ninguneo que su suegro, el conde de Barcelona, le hizo a Franco, por quien ella siempre sintió un especial afecto, intentó echar balones fuera: «No se trataba de marginar; es que nuestra boda era un asunto estrictamente familiar. No había nada que consultar a Franco».[17]

Como queda demostrado en este relato, Franco no solo no tuvo nada que ver en la historia de la boda de Juan Carlos y Sofía, sino que, incluso, se le ninguneó mezquinamente.

Por todo lo que acabamos de contar, ha quedado demostrado que Corinna miente en sus declaraciones a Eduardo Inda y cuesta creer que fuera Juan Carlos quien le contara tal cosa.

17. Pilar Urbano, *La reina,* Barcelona, Plaza & Janés, 1997.

Corinna miente...

En la magnífica entrevista que Eduardo Inda y Manuel Cerdán hicieron en Londres a Corinna zu Sayn-Wittgenstein —que este libro incluye en su totalidad—, hablando de la reina Sofía dice que Juan Carlos «me explicó claramente que Franco había arreglado aquel matrimonio».

Y en la de la revista *Paris Match*, ante la pregunta: «¿Le habló alguna vez el monarca de su matrimonio con la reina Sofía?», Corinna responde textualmente: «El suyo fue un matrimonio concertado por Franco».

Pues va a ser que no. Si son ciertas estas respuestas, tanto Juan Carlos como Corinna mienten.

Cierto es que al general Franco siempre le había preocupado el futuro sentimental, y hasta presente, de don Juan Carlos, a quien consideraba como el hijo que nunca tuvo. «Pensaba que cuanto antes se asentara ese romántico y mujeriego Borbón, de sangre caliente, mejor».[18]

Pero en lo referente al noviazgo con la princesa Sofía, tanto el conde de Barcelona como el príncipe decidieron ningunearlo, no solo negándose a informarlo,

18. Helena Matheopoulos, *op. cit.*

sino incluso engañándolo, a través de sus embajadores en Atenas y en Lisboa.

La despedida de soltero

Mientras don Juan torea a Franco ocultándole los motivos de su viaje a Suiza, el príncipe Juan Carlos, quien ha abandonado Estoril un día antes que su padre, no se dirige a Lausana, donde iba a tener lugar la gran reunión familiar para su compromiso matrimonial con Sofía, sino a Roma.

Se desconoce si fue casual o se había citado previamente en la capital italiana con Olghina de Robilant, pero aquella noche, ¡oh, casualidad!, coincide con ella en el Club 84, entonces muy en boga, en Via Veneto.

Lo que pasó aquella noche romana, víspera de la petición de mano de Sofía en Lausana, lo cuenta la propia Olghina en su descarado libro *Reina de corazones,* al que ya nos hemos referido.

Esa anécdota, de fuerte contenido sexual, no dice mucho de los sentimientos de don Juan Carlos hacia doña Sofía. No hay que olvidar que ese mismo día tenía que pedir la mano de la mujer a la que decía amar.

¡Es un decir! No es difícil imaginar que, en esas circunstancias, todo hombre o mujer que va a dar ese paso es porque está enamorado o enamorada. En este caso, no se trata de la historia de un gran amor, ni tan siquiera de una historia de amor. Al menos por parte de él.

Las bodas reales

El 15 de mayo de 1962, el diario *Arriba*, del Movimiento Nacional Sindicalista —y franquista, *of course*—, en la página 9 de la parte de tipografía y a tres columnas, ofrecía a sus lectores la noticia de la boda del príncipe Juan Carlos y la princesa Sofía en Atenas. Sin ninguna fotografía.

Esta fue una de las más de cincuenta bodas reales a las que he asistido a lo largo de mi vida profesional, ya muy dilatada. Analizando la suerte que han corrido todas estas parejas reales, ese día tan felices, envueltas ellas en auténticos torbellinos de encaje blanco y, a veces, con lágrimas de emoción y besos en las balconadas de los palacios reales —algunos incluso en los labios, como Máxima y Guillermo, de los Países Bajos; otros, como Felipe y Letizia, más castos,

Esta imagen de la boda ortodoxa de don Juan Carlos y doña Sofía fue objeto de censura por el Ministerio de Información y Turismo del general Franco.

solo en las mejillas; o envenenados, como los que se dieron Carlos y Diana—, encuentro que muchas, la inmensa mayoría de estas parejas reales, han sido víctimas de la convivencia.

Si la convivencia normal y corriente deteriora ya de por sí las relaciones humanas, la de los matrimonios reales, obligados a exteriorizar lo que no sienten en beneficio de la institución que representan, acaba destrozando las relaciones de esas parejas reales que yo vi casarse en olor de multitudes, testigos de aquellas bodas que parecían por amor.

La tragedia del matrimonio de don Juan Carlos y doña Sofía, protagonistas de este libro, desgraciadamente no es única.

Entre Franco, don Juan y Federica

Después de la boda, y antes de emprender el viaje de novios, visitaron al papa Juan XXIII en el Vaticano para agradecerle que hubiera permitido la doble ceremonia por los ritos católico y ortodoxo. Doña Sofía contrajo matrimonio sin haberse convertido previamente. Lo haría después de su boda, sin tener que pasar por la humillación de abjurar de sus creencias «heréticas», como le sucedió a su inmediata antecesora, la reina inglesa de España.

Y desde Roma viajaron a Madrid para saludar al general Franco y agradecerle su regalo: una diadema de brillantes transformable en doble broche. O un doble broche transformable en diadema de brillantes, según se quisiera. La joya la había elegido la propia doña Carmen en su joyería preferida, Aldao, de Madrid.

En lo del regalo de Franco hay que reconocer que Sofía tuvo mucha más suerte que Fabiola con el suyo, elegido también por doña Carmen: una corona con incrustaciones de piedras «preciosas»; más tarde pudo comprobarse que los «rubíes» y las «esmeraldas» eran tan solo cristales de colores.

Franco recordaba así la visita del nuevo matrimonio: «Después de visitar a S. S. el Papa, se vinieron a España a verme. Dicen que fue la reina doña Victoria la que aconsejó este viaje. Almorzaron con nosotros. La princesa es muy agradable y parece inteligente y culta. Se está dedicando a estudiar intensamente el español».[19]

Una vez finalizado el viaje por medio mundo, el matrimonio no regresa a Madrid, que hubiera sido lo normal, sino a Grecia, a petición de la reina Federica, que desea que la pareja fije su residencia en la casa de Psychiko, en Atenas, la casa en la que había nacido doña Sofía, quien llegó a preguntarse: «¿Qué hacemos aquí? Nosotros queríamos instalarnos en España. Pero mi suegro, el conde de Barcelona, le decía a Juanito: "¿Pero qué tienes que hacer viviendo en

19. Francisco Franco Salgado-Araujo, *Mis conversaciones privadas con Franco,* Barcelona, Planeta, 1976.

Grecia? ¿De qué vas a vivir? Lo normal es que estés aquí, en Estoril, conmigo". Y mi marido le contestaba "Franco y yo hemos acordado que residiré en España. Esa puerta está abierta, papá, ¿por qué cerrarla? El haberme casado no es razón. Si queremos monarquía para el futuro, es preferible que yo esté allí"».[20]

Por su parte, Franco, cada vez más malhumorado por la ausencia de Juan Carlos y Sofía en España, le advierte al príncipe que si no se instala pronto en la Zarzuela, el palacete podría ser ocupado por otro príncipe: Alfonso de Borbón o Carlos Hugo. «Los dos son príncipes (?) y católicos», le dice a su primo Franco Salgado-Araujo.[21]

Ante tanta presión de unos y otros, de don Juan, de la reina Federica y de Franco, en el mes de febrero de ese año 1963, el matrimonio decide trasladarse a España. Fue entonces cuando Franco, dueño y señor de la vida de ambos, aceleró las obras de restauración de la Zarzuela y mandó construir una nueva planta para la familia. En esta planta los entonces príncipes instalaron sus habitaciones privadas. Las de

20. Jaime Peñafiel, «Azul&Rosa. La semana de Jaime Peñafiel», *El Mundo*, 8 de agosto de 2020.

21. Francisco Franco Salgado-Araujo, *op. cit.*

abajo quedaron para un salón, un comedor y servicios. Don Juan Carlos se reservó una estancia para despacho —el mismo que su hijo Felipe ha utilizado para echarle de la que ha sido su casa, su hogar durante más de cincuenta años, de lo que hablaremos más adelante.

Vivían con setenta mil pesetas

Doña Sofía me reconoció: «Mandé traer de Grecia todo lo que tenía en la casa de Psychiko, hasta un biombo lacado en negro con incrustaciones de nácar que habíamos comprado en Hong Kong durante el viaje de novios. ¡Tres contenedores! La Zarzuela estaba casi vacía».

El matrimonio decidió dedicarse por entero y con la mayor ilusión a decorar su hogar de recién casados: «La decoradora fui yo», me diría doña Sofía. El príncipe se limitaba a ayudarme. Nos lo pasábamos muy bien. Nos sentíamos como dos inquilinos en una casa ajena. Oficialmente desconocíamos cuál era nuestro puesto, cuál era nuestro rango. Incluso en el protocolo. No teníamos derecho a nada ni a exigir ningún privilegio. Teníamos que adivinar, con sentido común y con instinto político, qué nos correspondía hacer, dónde convenía que estuviéramos y dónde podíamos estorbar.»[22]

Felipe, ¿sabes de lo que vivían tus padres en aquella época que, afortunadamente, no conociste? Te lo voy a recordar. Un día de la década de los sesenta, concretamente en 1967, tu padre me llamó para pedirme que acudiera a la Zarzuela. Se había enterado de que me acababa de contratar la revista *¡Hola!* y, según se había publicado, el fichaje podía considerarse como uno de los más importantes de la historia del periodismo español. Que lo era.

«Jaime, ¿cuánto te van a pagar?», me preguntó nada más saludarme.

Cuando le dije la cifra, me aclaró con avergonzada tristeza:

«¿Sabes lo que gano yo? ¿Sabes de qué dinero dispongo para todo? ¡Setenta mil pesetas para todo! ¡Hasta las Coca-colas y las llamadas telefónicas que la princesa hace a Atenas para hablar con sus padres me las fiscalizan!»

22. Jaime Peñafiel, «Azul&Rosa. La semana de Jaime Peñafiel», *El Mundo*.

La primera infidelidad, ¿marzo de 1967?

La reina Victoria Eugenia, en la última entrevista que mantuvo con este autor semanas antes de su muerte, el 15 de abril de 1969, hace más de cincuenta años, al abordar la relación matrimonial con su esposo, el rey Alfonso XIII, que tanto le hizo sufrir, lo justificaba con las siguientes palabras: «Desengáñese, Peñafiel, los españoles son muy malos maridos y aunque se casen enamorados, enseguida son infieles. Lo sé por experiencia». Como también lo sabe la reina doña Sofía.

El personal suele preguntarme cuándo fue la primera vez que engañó don Juan Carlos a su esposa. Difícil saberlo. Pero después de su comportamiento la víspera de la petición de mano, cuando se acostó con su antigua novia Olghina de Robilant en una noche de amor y sexo, en una pensión de Roma, como ya hemos recordado, todo podía suceder, aunque no se conoce aventura sentimental alguna en los primeros años de casados. Es más, la propia doña Sofía ha contado a personas muy allegadas que los tiempos en los que eran príncipes fueron los días más felices que ha vivido en su matrimonio, a pesar de las privaciones económicas y del férreo control con el que tenían que convivir.

Posiblemente, por ese estricto control al que Franco tenía sometido al príncipe «no permitiendo ningún devaneo», según Juan Luis Galiacho no hubo en su vida de entonces otra mujer que no fuera Sofía.

Pero muerto el perro... todo cambió radicalmente. No había transcurrido mucho tiempo, tan solo algo más de dos meses desde que se había convertido en rey de todos los españoles y españolas, el 22 de noviembre de 1975, cuando un día de febrero de 1976, y una vez transcurrido el luto oficial por la muerte del dictador, decidió irse de caza a una finca muy próxima a Madrid, tan próxima que a la hora del «taco», como se denomina en el argot cinegético al almuerzo de media mañana cuando se interrumpe la cacería, a la recién estrenada reina consorte no se le ocurrió otra cosa —¡en mala hora!— que acercarse al coto con sus hijos para compartir con papá el «taco». En ese momento, muchos padres, hijos y familiares se reúnen con el cazador para reponer fuerzas, cambiar impresiones sobre las piezas que se han cobrado y tomar un pincho de tortilla y una cerveza. ¡No tenía que haberlo hecho!

El «taco» tuvo la culpa

Porque, con desagradable asombro, descubrió al llegar a la finca que no había nadie por la sencilla razón de que no había... cacería.

Con ese instinto de toda mujer, hizo caso omiso a las palabras del dueño de la finca, que apareció nervioso y demudado, pretendiendo entretenerla «mientras el rey regresa de su puesto de caza». Pero, después de apartar al dueño y esquivar a los de seguridad, Sofía entró en la casa. Con la mosca detrás de la oreja, abrió varias puertas hasta que, en una habitación, vio al rey abrazando a una mujer y «una falda escocesa donde no debería estar». Con la ira real y el corazón roto, abandonó la habitación.

Aquí no valía eso de «no es cierto lo que te cuentan...», «no es lo que te imaginas...», «ni siquiera es lo que parece...», porque Sofía lo había visto con sus propios ojos: su marido haciendo el amor o simplemente «folgando» con una señora, en una de las habitaciones. Mala suerte... para los dos: para ella... y para él.

Y esta mujer herida decidió en ese momento abandonar a su esposo, al rey y al país del que era, desde hacía pocas semanas, reina consorte, ¿para no volver?

En ese momento, sí. Su dolor y humillación eran tan grandes que le impedían razonar. Para ella, tan romántica, tan enamorada, «vivir contigo» significaba «vivir con tu cuerpo, en tu mundo». Ese día entendió, de una forma brutal, que una vida así no era posible.

Cogió a sus tres hijos y voló hacia Madrás, en la lejana India, vía Londres, para refugiarse en los brazos de su madre, buscando su ayuda y sus consejos, para restañar la herida que le había infligido su esposo.

El viaje se «justificó» oficialmente por motivos de salud de la reina Federica, incluso se pensó en la Zarzuela que yo viajara hasta Madrás para realizar un «*fake* reportaje», ¿un montaje?, de doña Sofía con su madre ¿enferma?, como si no hubiera pasado nada. ¡Ni se le ocurra!, fue la respuesta que llegó de Madrás.

Para hacer regresar a la reina hubo de desplegarse Dios y paciencia y toda la diplomacia de la casa. Sin que nada trascendiera.

Cierto es que a los españoles poco o nada les importaba. Pero si doña Sofía insistía y persistía en no regresar, la huida podía convertirse en un problema de Estado. No hay que olvidar que no solo se marchó ella, sino que también se llevó a todos sus hijos, incluido el heredero, el príncipe Felipe, hoy rey Felipe VI.

Los consejos de su madre, la reina Federica —tan política ella—, y el sentido de la responsabilidad y la dignidad de Sofía, aunque estuviera herida, la ayudaron a regresar. Y... perdió la partida.

«¡Si tu braqueta hablara!»

Estos dramáticos términos los acuñó su graciosa majestad británica, la reina Isabel II, la más reina de todas las que en el mundo son y han sido.

Su vida, en algunos aspectos, puede correr pareja a la de la reina consorte Sofía, que no es la única a quien las infidelidades de su esposo le han impedido no solo ser feliz, sino que incluso han convertido su vida en *annus horribilis,* término acuñado por la prima Lilibeth, por los mismos motivos. Ambas podían reprocharles a sus respectivos maridos «¡Si vuestras braguetas hablaran!».

Porque Felipe, como Juan Carlos, era guapo, alto, rubio, de ojos azules y con mucho éxito con las mujeres. Sus infidelidades fueron múltiples y variadas, pero sobre todo se pusieron de manifiesto en

1992, cuando la reina inglesa supo que su esposo mantenía relaciones adúlteras con la madre de su nuera, Sarah Ferguson. Para doña Sofía no uno sino varios fueron los *anni horribili*. Independiente de aquel 1976 —el de la cacería que ya hemos mencionado—, más público y notorio sería el de 1992 cuando, en una rueda de prensa con motivo del cese de Francisco Fernández Ordóñez, por gravísima enfermedad que lo conduciría a la muerte el 7 de agosto de 1992, «una escueta frase de Felipe González: "El rey está ausente del país", sacudió los cimientos de invulnerabilidad de la monarquía».[23]

Las palabras del presidente se vieron agravadas cuando la ministra portavoz, Rosa Conde, «echó gasolina al fuego declarando que "razones de prudencia le impedían comentar el viaje del rey a Suiza"».[24]

23. Manuel Soriano, *Sabino Fernández Campo: La sombra del Rey*, Madrid, Temas de Hoy, 2008.
24. *Ibid.*

Tutto en camas separadas

Al regreso de doña Sofía de Madrás, muchas cosas cambiaron en la relación entre los reyes. Una persona muy allegada a la familia real me confesaría que la primera medida, que la primera condición que doña Sofía impuso fue la de... no dormir juntos. Normal.

Un viejo y muy sabio amigo mío dice siempre que si los matrimonios o las parejas, sobre todo los primeros, que parecen estar más obligados que las segundas, durmieran no ya en camas, sino en habitaciones separadas, durarían «hasta que la muerte nos separe». Posiblemente lleve razón, porque si la convivencia normal y corriente deteriora por sí sola las relaciones humanas, la sola cama o la sola habitación, aunque sea con dos camas, puede ser a veces el primer motivo de ese deterioro de la pareja cuando no existen otros más graves, como es el caso de don Juan Carlos y doña Sofía.

La primera vez que se supo que los reyes no dormían juntos fue en un viaje oficial a Chile, en octubre de 1990, de cuyo séquito informativo yo formaba parte.

El mismo día de la llegada, miércoles 17, un periódico de Santiago, *Fortín Mapocho*, recogía la noticia en su primera página y a grandes titulares en rojo: «Los reyes harán tuto en camas separadas».

No solo camas separadas tuvieron en el hotel Crown Plaza, donde se alojaron, sino también suites distintas y distantes. Aquel descubrimiento de que nuestros reyes no compartían lecho, aunque sí techo, no solo en los viajes sino en la Zarzuela, sorprendió a los españoles cuando se hizo público gracias a los titulares del diario chileno y a una crónica mía como enviado especial en aquel viaje que titulé «Los reyes no duermen juntos». «¿Había necesidad de escribir esa columna? La reina está furiosa», me reprocharía don Juan Carlos.

Isabel y Felipe tampoco duermen juntos

El público conocimiento de estas circunstancias se produjo de una forma tan accidental y anecdótica como cuando el mundo entero supo que la reina Isabel de Inglaterra y su esposo, el príncipe Felipe, tampoco compartían el lecho conyugal.

En este caso, la culpa la tuvo un reincidente llamado Michael Fagan que, el día 9 de julio de 1982, escaló los muros del palacio de Buckingham y deslizándose por una ventana entreabierta llegó hasta el dormitorio de la reina y se sentó en un extremo del lecho donde ella dormía. Su graciosa majestad, bruscamente, percibió que compartía habitación con un visitante inesperado, que la observaba a un metro ochenta centímetros del rostro.

Los súbditos de Isabel II no solo supieron entonces de la sangre fría de la reina, que incluso llegó a entablar un prudente diálogo con el intruso, y de su valor, sino también de la intimidad de la soberana: la pareja real no compartía el mismo lecho, ese eterno símbolo de la felicidad conyugal.

Aunque el palacio explicó las circunstancias de aquel accidente y la biografía del asaltante, no se refirió en ningún momento al hecho de que el matrimonio real no durmiera junto, aunque el *Daily Mail* dedicó artículos de fondo no al asalto de Fagan al dormitorio de la soberana, sino a las relaciones sentimentales de Isabel y Felipe, explicando a sus lectores que los verdaderos aristócratas no creen en la cama para dos personas, ya que la juzgan demasiado común, sobre todo cuando la convivencia ha matado el amor o, en el mejor de los casos, lo ha transformado en una amistad sin atracción sexual alguna.

Por su parte, el *staff* de la Casa Real española de aquella época achacó esta forma de convivir a motivos de protocolo, que ya son ganas de decir tonterías. El único motivo era, es y ha seguido siendo —mientras compartían el mismo techo, que no lecho, en la Zarzuela— la real gana ¿del rey ?, ¿de la reina?, ¿o de los dos?, lo cual parece más lógico y humano. Pero, sobre todo, porque cuando una pareja o un matrimonio decide separarse de «lecho» es porque sus componentes ya no comparten todo en la vida.

El comportamiento de don Juan Carlos para con su esposa ha encontrado siempre respuesta en doña Sofía. Cuando una periodista francesa le preguntó, en cierta ocasión, en qué medida influía en el rey, respondió con una sonrisa que la delataba: «Se las arregla muy bien solo», premonitoria respuesta de lo que sucedería años después. ¿Se las habrá arreglado muy bien solo el emérito en el exilio de Abu Dabi sin la presencia de personas cercanas para «vivir su vida»?

Siempre se creyó que el amor de la reina por el rey nunca había desaparecido por completo, que se había dulcificado con el paso de los años, sobreviviendo al desamor de su marido, en una situación de normalidad dentro de la anormalidad de sus relaciones afectivas. Daba la impresión, falsa ella, de que Sofía se había convertido en una de esas mujeres enganchadas al hombre que las hace sufrir, pero la presencia en la vida de don Juan Carlos de Corinna ha colmado el vaso de su paciencia y de su dignidad.

Es muy difícil, yo diría que imposible, saber en qué momento se produjo el principio del deterioro de las relaciones de los reyes Juan Carlos y Sofía, una pareja que, aunque no vivió lo que se dice un apasionado noviazgo, si es cierto que, a lo largo de los primeros años de relación conyugal, y a pesar de las dificultades de tipo político (Franco), familiar (don Juan) y económico (setenta mil pesetas), se apoyaron mutuamente, aunque ha sido Sofía quien más ha aportado para que la relación sentimental funcionase. Pero, por uno y mil detalles que se conocen, no ha funcionado... jamás.[25]

La dejó sola con su dolor

La muerte de la reina Federica, la persona a la que más amaba doña Sofía, le produjo uno de los dolores más intensos de su vida. Y triste es reconocerlo, don Juan Carlos no estuvo a la altura de tan dramático

25. Jaime Peñafiel, *Dios salve a la Reina*, Madrid, Temas de Hoy, 1993.

Dramática imagen de la reina Sofía con sus hijos y su hermano Constantino en el entierro de su madre, en el cementerio de Tatoi, en Atenas. Doña Sofía se cubre la cara con la tradicional pena.

suceso ni se comportó como debía. Aquel día, 6 de febrero de 1981, la dejó sola con su dolor. Cuando la reina Federica llegó a Madrid una tarde de aquel fatídico mes de febrero, no solamente lo hacía como una abuela que deseaba estar con sus nietos mientras los papás realizaban aquel delicado viaje oficial a Euskadi, la conflictiva zona española llena de violencia, sino para extirparse unos pequeños acúmulos de colesterina que tenía en los párpados de ambos ojos... La operación era tan sencilla que no requería siquiera la presencia de su hija, la reina Sofía, quien, para descansar de la violenta tensión del viaje al País Vasco, decidió trasladarse, en la mañana del día 6, junto al rey Juan Carlos a la estación invernal de Baqueira para pasar en familia el fin de semana.

Después de despedirlos en el aeropuerto, donde Sofía recibió el que sería el último beso de su madre, la reina Federica se trasladó a las tres de la tarde a la Clínica de La Paloma en compañía del doctor Carlos Zurita, marido de la infanta Margarita. Allí la estaban esperando el doctor Benito Vilar Sancho, que habría de intervenirla, y el doctor Aguado, jefe de Reanimación del Hospital La Paz, que controlaría la anestesia...

A las nueve de la noche de ese día, los reyes tienen prevista una cena en un restaurante de la zona con el general Alfonso Armada, que acude puntual a la cita. Pasan los minutos y los reyes no llegan, lo cual no tiene nada de extraño, ya que la puntualidad no es, precisamente, cortesía de nuestros soberanos, aunque don Juan Carlos lo ha achacado siempre a doña Sofía.

De repente, se recibe una llamada telefónica de la residencia de los reyes en la que se pide la anulación de la cena y se solicita a Armada que suba a la casa. Allí, el rey, en la misma puerta, informa a Armada de la muerte de la reina Federica, pero le dice que quiere ocultárselo a doña Sofía. Alfonso Armada intenta convencerlo de que tiene que decírselo.

Inmediatamente, el rey puso en marcha el dispositivo para que la reina viajara a Madrid. Como don Juan Carlos informó a doña Sofía de que su madre solo se encontraba indispuesta, la reina tranquilamente comió un pequeño refrigerio antes de dirigirse al helicóptero que la llevaría hasta Zaragoza, donde ya la esperaba el DC-9 de las Fuerzas Aéreas para trasladarla a Madrid. A su llegada a la capital aragonesa, el coronel responsable de la base le dio el pésame, pensando que la reina ya lo sabía.

Fácil es suponer el estado de ánimo con el que subió al DC-9. El piloto contaba que, una vez a bordo y en pleno vuelo, la reina pidió que se apagaran las luces del interior del avión para que nadie la viera llorar. Sin embargo, toda la dotación del aparato la oyó hacerlo en la oscuridad, desconsoladamente, durante todo el trayecto. Difícilmente lo habrán podido olvidar. ¿Cabe mayor crueldad por parte de su marido? ¿Por qué el rey no quiso viajar con ella? ¿Quiso evitarse el mal rato de ser él quien tuviera que informarla de la muerte de su madre? ¿Por qué esperó hasta el día siguiente para regresar a Madrid? ¿Por qué no quiso estar junto a ella en esos dramáticos momentos? ¿Quiso evitarse la llegada a la Zarzuela, donde Sofía iba a encontrarse con el cadáver de su madre?

Sorprende —y Félix Sanz Roldán no entiende— que prefiriera quedarse toda esa noche hablando, ¿conspirando?, con el general Armada, a solo diecisiete días del 23-F. Es como para pensarlo.

Mientras, la reina se enfrentaba, sola, a uno de los mayores dolores sufridos en su vida, porque ni a sus hermanos tenía en aquellos momentos. Constantino se encontraba en Londres cuando recibió la noticia de la muerte de su madre y alquiló inmediatamente un vuelo chárter para llegar a Madrid a las tres de la madrugada. Mientras, don Juan Carlos lo haría tranquilamente... a las once de la mañana.

El cadáver de la reina Federica permaneció insepulto nada menos que seis días, hasta el 12 de febrero; seis días sin enterrar, ya que las autoridades griegas no la querían... ni muerta. El rey Juan Carlos tuvo que negociar con Constantinos Karamanlis, entonces presidente de Grecia, que se permitiera enterrar a Federica en el cementerio real de Tatoi.

¡Increíble! Defendió públicamente a su esposa

Según contaba mi querida compañera Pilar Eyre, a propósito de la ceremonia de entrega de los Premios Princesa de Asturias 2019 en Oviedo: entre doña Sofía y su nieta Leonor se palpaba una relación tensa, hasta el extremo de que la abuela intentó no rozarla tan siquiera y solo le dirigió alguna frase que esta respondió educadamente. Y es que la forzada presencia de la reina emérita, que llegó a estar en el aire durante varias semanas, enfrió el ambiente. Nada que ver cuando ella no estaba presente: reían, hablaban distendidamente, ofreciendo una imagen de familia unida y compenetrada. Y es que el recuerdo del incidente de aquel Domingo de Resurrección de 2018 en la puerta de la catedral de Palma de Mallorca era muy fuerte. Era la primera vez en cuatro años que don Juan Carlos había decidido asistir a la misa de Pascua. Y la humillación pública de Letizia a Sofía obró el milagro de que el rey emérito defendiera públicamente a quien todavía es su esposa, ante la actitud violenta y el público desprecio de su nuera. Primero fue a la entrada de la catedral cuando Letizia desoyó los ruegos de Felipe, pidiéndole que esperara a sus padres, que seguían con pasos más lentos, dadas las dificultades de don Juan Carlos para andar: «¡Letizia, por favor!», se le oyó suplicar. Pero la consorte no cambió de actitud y pasó de largo. El rey emérito vio que su hijo Felipe se acobardaba por la violencia de su esposa a las puertas de la catedral primero y del ataque verbal después. Pero cuando vio que doña Sofía intentaba llamar a Francisco Gómez, el fotógrafo de la Casa Real, para que la inmortalizara con sus nietas Leonor y Sofía, y a Letizia no se le ocurrió otra cosa que colocarse delante del fotógrafo para impedir la dichosa instantánea, montó en cólera. Entre tanto, Felipe agarró tímidamente del brazo a su esposa mientras esta arrancaba a sus hijas de los brazos de su abuela, al tiempo que Leonor tenía un mal modo con ella al apartar violentamente la mano que doña Sofía le colocaba sobre el hombro. Y Letizia limpiando a Leonor la frente que acababa de besar la abuela Sofía. ¡Inaudito!

Fueron los 21 segundos públicos más amargos para la familia real. Y, por primera vez, don Juan Carlos defendió a su esposa gritando a su hijo: «¡Felipe, esto no se puede tolerar!». «¡No es el momento!», le replicó este. Y lo era, ya que la ofensa había sido pública y pública tenía que ser la reparación.

No sé si al llegar al palacio de Marivent don Juan Carlos le pidió a su hijo lo mismo que en el mes de agosto de 2013, también en Marivent —ese lugar que la consorte odia tanto—, cuando tras una violenta pelea de Felipe con Letizia, esta decidió marcharse, ya que había acordado irse un día concreto y ella, con él o sin él, se iba. Y se piró a Madrid dejando a su marido y a sus hijas.

A consecuencia de aquel desplante, la discusión entre padre e hijo fue tensa y dramática hasta el extremo y, según me contaron, en un momento determinado don Juan Carlos le gritó a su hijo: «¡Divórciate!».

Hasta Almudena Martínez Forbes, del monárquico *ABC*, escribió: «El príncipe de Asturias ha reanu-

Es visible el desagradable gesto de Leonor —que tanto dio que hablar—, ante la caricia de su abuela en el intolerable ataque verbal y gesticular de Letizia contra doña Sofía en la catedral de Palma.

dado sus vacaciones tras un paréntesis de cuatro días y en medio de fuertes rumores de crisis matrimonial».

Y el compañero Raúl del Pozo ponía el dedo en la llaga de las difíciles relaciones del matrimonio en un artículo publicado en *El Mundo,* titulado «Avería de los príncipes», que finalizaba así: «Asturiana, rebelde y ambiciosa, menospreciada por el rey y las infantas, se negó, e hizo bien, a continuar la historia masoquista de las reinas de España. Sigue siendo hermosa, es decir peligrosa, pero debería saber que su vida privada es una crónica electrónica y que su matrimonio puede tronar por los aires».

Y el historiador Fernando de Meer puntualizaba algo que parece escrito hoy, después del accidente de la catedral de Palma: «Letizia no tiene derecho a poner mala cara o a enfadarse en público».[26]

26. Fernando de Meer, «De Príncipe a Rey», *Nueva Revista,* n.º 147, 2014.

¡No me rechaces!

El incidente a las puertas de la catedral de Palma tan solo fue un paréntesis en las relaciones matrimoniales entre don Juan Carlos y doña Sofía, jalonada de tantos desprecios y humillaciones que nadie entiende que no se divorciaran hace tiempo. El drama de los reyes eméritos se habría evitado si a don Juan Carlos le hubieran permitido divorciarse, no ahora por lo de Corinna, sino hace ya mucho tiempo. Pero a él se le obligó a seguir oficial e institucionalmente junto a una mujer a la que no amaba. Y a doña Sofía, a mantener ese matrimonio haciendo todo lo posible por convivir a solas, si no con la persona, al menos sí con el dolor de su fracaso. Aunque, en cierta ocasión, teniendo la sospecha de que el rey la engañaba, llegó hasta el extremo de preguntar a Manuel Prado y Colón de Carvajal, fiel amigo del matrimonio, por las amistades femeninas de su marido.

Ya se decía entonces que doña Sofía lo pasaba muy mal. Antonio L. Bouza, antiguo compañero de don Juan Carlos en la Academia General Militar de Zaragoza y, al parecer, gran amigo suyo, escribe: «Le digo que hay que ser lo más discreto posible, ya que nuestras esposas están en edad muy difícil y se deprimen mucho».[27]

Y hablando de divorcio, se desconocen las cláusulas de las capitulaciones que firmaron, cuatro meses antes de la boda, Felipe y Letizia. Según David Rocasolano, primo y abogado de Letizia, a quien consultó antes de firmar, él le indicó: «Lo que aquí se expresa respecto a la custodia de los hijos menores no tiene validez. Yo que tú no firmaba». Pero el príncipe Felipe, con quien contactaron telefónicamente, les dijo: «Las capitulaciones son innegociables. Hay que firmarlas sí o sí como están redactadas. No se puede cambiar ni una coma». Y Letizia firmó porque «aquí estamos a lo que estamos. Esto no es un rollo de amor».[28]

En aquella época, si Juan Carlos I hubiera pretendido divorciarse, la reina no lo habría consentido. A pesar de los desprecios de que era objeto, seguía sintiendo por el rey algo muy especial, hasta el extremo de no importarle humillarse, como sucedió el 18 de septiembre de 2013, en la mismísima escalinata

27. Antonio L. Bouza, *El rey y yo*, Madrid, La Esfera de los Libros, 2007.

28. David Rocasolano, *Adiós, princesa*, Barcelona, Foca, 2013.

del palacio de la Zarzuela, escena de la que fui testigo, mientras esperaban la llegada de los soberanos de los Países Bajos, Guillermo y Máxima, en visita oficial. La situación sentimental de nuestros reyes se encontraba tan a la deriva que no se veían ni se hablaban, aunque compartían el mismo techo, no así el mismo lecho. Ese día le habían comunicado a don Juan Carlos que iba a ser sometido, seis días después, exactamente el día 24, a otra importante intervención quirúrgica para cambiarle la prótesis de la cadera debido a una grave infección que le producía terribles dolores.

Cuando el rey se encontraba en la escalinata esperando la llegada de los regios invitados holandeses, apareció doña Sofía, que acababa de enterarse de tan mala noticia. Tímidamente se aproximó al rey, pero, temiendo uno de aquellos tan poco cariñosos gestos que empleaba entonces con su esposa, le musitó unas palabras muy tristes: «¡No me rechaces!», según un lector de labios.

Cómo Sofía veía al rey hace... veinticinco años

Y ya que hablamos de doña Sofía, no me resisto a incluir aquí lo que pensaba de don Juan Carlos en 1996. Cierto es que de entonces a hoy han pasado muchas, muchísimas cosas, algunas dramáticas e irreversibles. Pero resulta curioso cómo veía al rey hace casi... veinticinco años:

Los reyes don Juan Carlos y doña Sofía en el momento de apagar las 17 velas de la tarta de aniversario de su boda que les ofrecieron, por sorpresa, el presidente Sékou Touré y su esposa, presentes en la foto.

«¿Que no somos nada iguales? ¡Es verdad! ¡Ni parecidos! Cada uno es cada uno... Él es extravertido. Yo, reservada. Él es un lanzado. Yo soy tímida. Él se morirá sin saber lo que es la vergüenza y yo me moriré tímida. Él es primario. Yo secundaria. Él es intuitivo. Yo, lógica, de escaleras: peldaño a peldaño. Él capta las situaciones al vuelo, huele a las personas como si fuera un perro de caza. Y pocas veces se equivoca al prejuzgar. Yo, en cambio, no me atrevo a juzgar si no tengo todos los datos. Él es rápido. Yo, lenta. Él puede tener un arranque de genio fuerte, terrible, y dar dos gritos. Yo estoy hecha para aguantar más y más. Una cosa, una persona me puede estar fastidiando... y nadie se dará cuenta. La procesión va por dentro. Tengo los nervios de acero. Total: que no somos eso que se dice "la otra media naranja" pero... nos complementamos. Esto es como qué pones tú, qué pongo yo, y al final entre los dos sumamos diez... Yo estoy educada desde niña para no llorar en público. (Por eso cobran tanta relevancia las lágrimas que Sofía derramó en El Escorial, durante el entierro de su suegro, el conde de Barcelona. Nunca unas lágrimas han conmovido a un pueblo como aquellas derramadas por la reina. ¡Y cuánto pesaron aquellas lágrimas!)

»No soy llorona ni blandita. Aunque no me importa decir que lloro. Aunque no lloro solo por una pena, por una muerte, por un disgusto. A veces lo que me emociona es algo bueno, algo de valor, algo muy bonito que no esperaba».[29]

Marta Gayá

El «annus horribilis»

Como respuesta aclaratoria a las imprudentes palabras de Rosa Conde, *El País* publicaba el 18 de junio de 1992: «El rey se encuentra desde principio de semana en una clínica suiza sometido a un chequeo médico rutinario. Don Juan Carlos tiene previsto regresar a Madrid el 23 de junio para firmar el cese de Fernández Ordóñez y el nombramiento del nuevo ministro de Asuntos Exteriores».

Sabino Fernández Campo se vio obligado a aclarar que el rey no se había sometido a chequeo alguno

---

29. Pilar Urbano, «Las bodas son de los hijos», *El País*, 20 de noviembre de 1996.

y que el motivo del viaje eran unas cortas vacaciones en la montaña.

El jefe de la Casa de Su Majestad decía la verdad, pero solo a medias, ya que el motivo de la presencia del rey en Suiza se debía a Marta Gayá, «la amiga entrañable» de entonces. Y como anticipó Felipe González, el rey regresó a Madrid el 23 de junio, después de que Sabino lo telefoneara para decirle que le enviaría un avión Mystère.

Era sábado y don Juan ofrecía una cena a la familia en su residencia de la calle Guisando, en Puerta de Hierro, con motivo de su santo y de su setenta y nueve cumpleaños que, aunque los había cumplido el 1 de abril, aprovechaba esa noche para celebrarlo en familia. Toda la familia menos... el rey Juan Carlos.

Y regresó al lado de Marta Gayá

Cuando hubo despachado con el presidente Felipe González y firmado los reales decretos de cese y nombramiento del nuevo ministro de Asuntos Exteriores, Javier Solana, el general Sabino Fernández Campo pensó que el rey se quedaría para asistir a la cena de su padre. Pero quedó desagradablemente sorprendido cuando le oyó decir: «No. Regreso inmediatamente a Suiza». No le valió a Sabino hacerle ver que no solo era el santo de su padre, sino que también celebraba su cumpleaños. «Posiblemente el último, señor. Bien sabéis el delicado estado de salud».

«Cuando se supo que don Juan Carlos había regresado de nuevo a Suiza, ese mismo sábado, los rumores se dispararon. Esta vez apuntaban a una causa de carácter muy íntimo. La razón de su apresurado regreso a Suiza tenía que ser muy poderosa.»[30]

El querido y desaparecido compañero Juan Balansó escribía en *El Mundo*: «No pocas veces los caprichos de un rey han erosionado la historia de los pueblos como en esta ocasión... Un antojo sexual del soberano puede influir en los destinos de un reino "absolutista"». Premonitorias palabras de lo que ha sucedido con Corinna. Y, por primera vez, escribió acerca de una «gaya dama» de Mallorca, que tenía secuestrado a nuestro rey.

Recuerdo que, a propósito de este viaje, yo escribí: «El rey pasa por un momento emocional muy delicado derivado de un viejo problema matrimonial que ha terminado por hacer crisis», comentario reproducido

30. Manuel Soriano, *op. cit.*

en la biografía de Paul Preston, que iba, en afirmaciones, más lejos que Balansó: «Se trata de una mujer catalana que vive en Mallorca, Marta Gayá. Esta dama es la razón de la ausencia de don Juan Carlos y su presencia en Suiza».[31]

Esa noche doña Sofía no solo sufrió una de las mayores depresiones y humillaciones de su vida, sino que supo comportarse como quien era, como una reina, controlando su dolor y arrastrando su desamor.

«La cena estaba fijada para las nueve de la noche. A esa hora en el chalet ya se encontraba toda la familia real. Don Juan; su esposa, María de las Mercedes; las infantas Pilar y Margarita, y otros familiares, esperando a doña Sofía. La tensión, el disgusto y hasta el cabreo del conde de Barcelona por la ausencia de su hijo, el rey, era manifiesta.

»Pero doña Sofía había decidido asistir a la cena a pesar de la ausencia de su marido, en brazos de Marta Gayá en esos momentos. Para ello vistió sus mejores galas. Me consta, porque un testigo me lo contó, que el trayecto entre el palacio de la Zarzuela y la casa de su suegro lo hizo llorando desconsoladamente. Pero, poco antes de llegar, ordenó al chófer

---

31. Paul Preston, *op. cit.*

que se detuviera. Quería no solo secarse las lágrimas, sino retocarse el maquillaje y recuperar la serenidad suficiente para entrar como lo hizo, como una reina. Sin que nadie de los presentes advirtiera ni su sufrimiento ni que había llorado. Mientras, don Juan maldecía en arameo y doña María, como todas las madres... lloraba.»[32]

Frente a este comportamiento tan profesional, ¿puede sorprenderle al lector la forma con la que se enfrentó a una temida cuestión que llevaba esperando desde que don Juan Carlos abandonó España? Sucedió cuando un periodista se acercó a ella en la puerta del hotel Reconquista en Oviedo, con motivo de la entrega de los Premios Princesa de Asturias de 2020, y le preguntó: «Señora, ¿tiene algún contacto con don Juan Carlos?». La respuesta de doña Sofía no pudo ser más elocuente al exclamar: «Ay, ¡qué pregunta!».

Y continuó su camino hacia el interior sin descomponerse. Al menos externamente. Que la procesión fuera por dentro, solo ella lo sabe.

32. Jaime Peñafiel, *Reinas y princesas sufridoras,* Barcelona, Grijalbo, 2015.

Una amante del rey humilla públicamente a Sofía

Zourab Tchkotua ofreció una famosa cena en el Club Casino de Palma de Mallorca en honor del príncipe Karim Aga Khan, íntimo amigo de don Juan Carlos. Aquella cena dio mucho que hablar porque dos de los invitados, el aristócrata y escritor José Luis de Vilallonga y la famosa decoradora Marta Gayá, amante entonces del rey, se comportaron en contra de la más elemental norma de protocolo, pues llegaron una vez empezada la cena. A esta no solo asistía don Juan Carlos, sino también la reina Sofía, que sufriría una de las primeras humillaciones públicas por parte de una amante de su marido. Porque, ante la sorpresa de todos los comensales, el rey no solo no se contrarió ante aquella falta no de protocolo sino de educación, sino que se levantó para saludar muy efusiva y cariñosamente a Vilallonga pero, sobre todo, a Marta, sin importarle la presencia de doña Sofía. ¿Le recordaría ese momento cuando don Juan Carlos, el rey, no apareció en la cena que su padre ofrecía con motivo de su cumpleaños porque estaba en Suiza junto a Marta Gayá?

Era tal la influencia de la «gaya dama», como la denominaba Balansó, que consiguió que don Juan Carlos no solo interrumpiera las entrevistas concedidas a Baltasar Porcel, sino que le pidiera al escritor las cintas grabadas de decenas de horas de conversación para que fuera su amigo y celestino José Luis de Vilallonga quien escribiera sus memorias.[33]

Volviendo a los desaires tolerados por la reina, a uno le sorprende que haya soportado situaciones como la descrita en demasiadas ocasiones, ¿por mantener su estatus real?, ¿por seguir siendo reina, aunque fuera consorte?

Ella misma se lo reconoció a Pilar Urbano: «Mi vida es la vida del rey. Yo no tengo otra vida... Yo soy reina porque me he casado con el rey. Si yo no fuera la mujer del rey, no tendría esta dimensión, no tendría este estatus. Soy consorte, este es mi estatus: consorte del rey. [...] Yo no tengo un estatus propio como reina. El rey es él. ¿Yo, Sofía, por mí sola? Por mí sola soy princesa de Grecia y punto. La mano que cuida el trono tiene que ser, y es, la mano del rey. ¿Una mujer cerca del rey? No: la reina no es una mujer

---

33. José Luis de Vilallonga, *El rey. Conversaciones con don Juan Carlos I de España*, Barcelona, Plaza & Janés, 1993.

cerca... La reina es... la mujer que está al lado del rey».[34] O estaba, digo yo.

Los españoles más generosos con estos problemas sentimentales de doña Sofía lo achacan a su prudencia, aunque ella misma ha reconocido: «La prudencia se aprende quemándose».

También ha reconocido que, ante situaciones de peligro, «mi reacción es siempre de una gran serenidad. No porque crea que no va a pasar nada, sino porque pienso: Y si pasa ¿qué?... ¡nada!».

Muchos creen que es una mujer que, ante determinadas situaciones de su vida, esconde la cabeza debajo del ala creyendo que lo que no ve, no existe.

«La crítica no es plato de gusto. Pero de vez en cuando viene bien», reconoce.

Tatiana Radziwill, su mejor amiga y quien tan bien la conoce, dice de ella: «Siempre es natural. Nunca finge. Nunca tiene dos caras. No sabe disimular. Nunca interpreta un papel. Ama la verdad y la sinceridad. ¡No soporta la doblez, ni la hipocresía, ni la mentira!».

34. Pilar Urbano, *La reina*, Barcelona, Plaza & Janés, 1997.

Corinna Larsen

«Las amigas entrañables» se hacen visibles

La prensa española siempre se refería a las amantes del rey Juan Carlos como «las amigas entrañables»; todo el mundo lo sabía, empezando por la reina Sofía, quien siempre las sufrió en silencio, sin poner al rey ante el dilema de «ella o yo». Incluso un amigo íntimo del soberano, como era Antonio L. Bouza, a quien ya nos hemos referido, en su libro *El rey y yo* escribe sobre Bárbara Rey, la más conocida en aquellos años ochenta y cuya intimidad femenina pudo costarle muy cara al monarca.

Una alta personalidad del Estado me contó que, cuando tomó posesión de su cargo, encontró en el antiguo CESID una extraña partida económica. Cuando consultó con quien podía aconsejarle para saber de qué se trataba, se le informó: «Déjalo, no lo toques».

De todas formas, y como escribe Bouza, «don Juan Carlos nunca riñe con ninguna mujer con la que haya tenido la menor relación y se lleva bien con todas… Incluso alguna vez las llama».

La relación con Bárbara Rey se supo cuando su casa fue asaltada para robarle fotos, vídeos y documentos muy comprometedores para el rey. Ella lo denunció, pero nunca explicó el contenido. De todas las amantes del soberano ha sido y sigue siendo la más discreta. Poco y mucho se sabe de su persona. Y no precisamente por ella. Se trata de una relación que comenzó con la Transición y continuó de manera intermitente a lo largo de muchos años, incluido 1981, el del golpe de Estado. Se sabe que el rey advirtió a su «amiga entrañable» que no saliera de casa el 23-F. Fue una historia llena de espacios en blanco, que solo ella puede llenar, aunque, por ahora, parece no estar dispuesta a hablar. Aunque a veces ha apuntado en programas de televisión, siempre se ha abstenido de disparar y ponerse el nombre del rey en la boca.

Nada que ver con Marta Gayá, «la mujer con la que más feliz he sido», que gustaba de hacerse visible, como hemos visto en la cena en Palma de Mallorca a la que asistía doña Sofía y a la que, ostensiblemente, llegó tarde. En el caso de Corinna, de cuya existencia la opinión pública tenía escasa información —¿también la familia?—, la reina prefirió mirar para otro lado y bien caro le ha costado a doña Sofía. De su presencia se supo el 8 de mayo de 2010, cuando intervinieron al rey de un nódulo en el pulmón, detectado durante un chequeo rutinario. La intervención tuvo lugar en el Clínico de Barcelona, a cargo del doctor Laureano Molins, jefe de Cirugía Torácica, y se prolongó a lo largo de tres horas.

Corinna lo recuerda así en una entrevista concedida a *Paris Match*: «Juan Carlos estaba aterrorizado y yo no quería abandonarle mientras estuviera así. La enfermedad fortaleció de nuevo nuestro vínculo. Por primera vez en su vida se sintió vulnerable. Necesitaba un apoyo y conmigo se sentía seguro... Mientras estuvo en el hospital, sus hijas estuvieron cerca (lo que no es cierto, ni las hijas ni el príncipe). Doña Sofía sabía que yo estaba allí, durmiendo en un sofá junto a su cama, hasta que recibí una llamada de un empleado que me dijo: "La reina viene, es hora de irse"».

Y doña Sofía llegó. Dicen que se cruzó con Corinna o supo que estaba allí. La periodista Pilar Eyre publicó que, cuando la reina abandonó el hospital después de haber visitado a su marido durante unos minutos, lo hizo llorando.

No era la primera vez que doña Sofía estuvo a punto de encontrarse con una «amiga entrañable» del rey. El que fuera alcalde de Granada, mi ciudad y amigo mío, José Gabriel Díaz Berbel, conocido por el cariñoso apelativo de «Kiki», me contó algo parecido a lo que sucedió en el Clínico de Barcelona. Él también tuvo que advertir a don Juan Carlos, que se encontraba encamado en el hotel Alhambra Palace con Marta Gayá, con quien había estado esquiando en Sierra Nevada, de que doña Sofía estaba llegando. Se lo habían comunicado al gobernador civil desde la Zarzuela para que se ocupara de la seguridad de la soberana durante su estancia en la ciudad andaluza. Lo más sorprendente, según me contaba el alcalde, es que llegaba en el tren Talgo. De todas formas y gracias al alcalde, don Juan Carlos tuvo tiempo de que Marta cambiara de habitación.

Lo de Corinna «oficialmente» se hizo público en abril del 2012, cuando don Juan Carlos participó en una cacería de elefantes en Botsuana. Según ella, el relato de este viaje «ha sido objeto de una manipulación deliberada».

«Para celebrar el cumpleaños de mi hijo Alexander, el 18 de febrero de 2012, en un almuerzo con mis dos primeros maridos (Juan Carlos podía haber sido el tercero), el rey habló del safari a Botsuana que iba a hacer con su amigo Eyad Kayali, uno de los principales asesores del monarca de Arabia Saudita, el rey Salmán. Como regalo de aniversario le propuso a Alexander participar en aquella aventura. Yo dudé, pero al final cedí. Durante el viaje, el hijo de la infanta

Elena, Froilán, se disparó accidentalmente en el pie y la reina Sofía fue al hospital a verlo. [¡Atención a lo que Corinna dice a continuación!] Juan Carlos se puso furioso porque estaba convencido de que había ido a la clínica para que todo el mundo se diera cuenta de su ausencia».

Para que todo el mundo supiera que había ido a visitar a su marido tras el accidente de la cacería, doña Sofía fue a visitarlo a la clínica madrileña en la que lo habían intervenido de la rotura de la cadera que sufrió en Botsuana. Lo más grave no fue que estuviera cazando elefantes, que lo fue, sino que todo el mundo, empezando por la reina, supo quién lo acompañaba: su amante, hasta entonces poco conocida por los españoles, pero tolerada por doña Sofía, por Felipe y toda la parentela real, ya que don Juan Carlos le había puesto «un piso» a tiro de piedra de la Zarzuela, en La Angorrilla, en el monte de El Pardo. Aunque cueste creerlo, allí vivía Corinna con su hijo Alexander, entonces de doce años, a quien se llegó a escolarizar. El soberano los visitaba todos los días trasladándose, para ello, en moto, otra de sus pasiones.

Que la reina prefiriera mirar para otro lado puede entenderse. Lo hacen muchas esposas engañadas, incluso algunas conocedoras de que el marido le ha

La presencia de Corinna, la amiga entrañable del rey, supuso uno de los grandes dolores y humillaciones para doña Sofía.

puesto un piso a la querida. Pero que Felipe, la persona que ella más ama, no hiciera nada, no se entiende.

Me consta, lo sé por un confidente de la casa, que en más de una ocasión Felipe se ha enfrentado a su padre, incluso físicamente, para defender a su madre. No olvidemos que, desde que se marcharon de la Zarzuela, primero la infanta Cristina a Barcelona y posteriormente la infanta Elena para casarse, Felipe fue el único hijo que se quedó viviendo con aquellos padres tan mal avenidos. Debió de ser muy duro para él.

Por todo eso y muchas cosas más, no entenderé cómo permitió que su padre mantuviera a su amante tan cerca de casa, tan cerca de su madre, tan cerca de donde vive la sagrada familia real española.

Un antes y un después de Botsuana

Lo de «las amigas entrañables», como Bárbara Rey, Marta Gayá y por supuesto Corinna era de sobras conocido tanto por la reina Sofía como por su hijo Felipe.

En este terreno hay un antes y un después de Botsuana. Hasta entonces, lo de las amantes del rey siempre se había mantenido en el ámbito de la privacidad, no de la familia, sino del soberano, y los silencios cómplices de la prensa, entre los que me incluyo. Pero, cuando se produjo el accidente en aquella cacería, al personal y a la familia lo que les escandalizó, como ya hemos escrito, no fue que se hubiera roto la cadera, sino en compañía de quién se encontraba.

«Todas las familias felices se parecen. Cada familia desdichada lo es a su manera», escribía Tolstoi. Cuando estalla lo de Botsuana, la familia real empieza a vivir, avergonzada, bajo el impacto de una serie de noticias desestabilizadoras a todos los niveles, desde don Felipe, ya rey y jefe de la familia, a doña Sofía, sufridora y engañada esposa. Y más tarde quien sufre es el propio don Juan Carlos, traicionado por la mujer a quien colmó de amor adúltero y de riqueza, nada menos que con un regalo de 65 millones de euros. Familia, eres el lugar de todos los vicios de la sociedad, la casa de retiro de la esposa, en este caso doña Sofía, que buscó siempre su bienestar, incluso aceptando en silencio todas las infidelidades sin recurrir al divorcio, defendiendo a don Juan Carlos de una forma más visceral que intelectual. Pero cuando estalla la pandemia familiar, hay que reconocer con Baudelaire que «las naciones no tienen grandes hombres más que a pesar suyo, como las familias».

Cuando abandona el Hospital San José de Madrid, en abril de 2012, con la humillante frase de pedir perdón y prometer no volverlo a hacer, don Juan Carlos ya no puede esconderse de sí mismo, tiene que afrontar la verdad de lo que ha sucedido y luego hacer lo necesario para su propia paz. Diríase que puede soportarlo todo, incluso lo que no ha hecho, incluso la idea de que ya no puede soportar más. Porque, desgraciadamente, desde ese día don Juan Carlos ya no tenía quien lo defendiera.

En la Zarzuela ya no se sentía, lógicamente, todo lo querido que desearía. Triste final de quien fue tan grande y a quien todos han traicionado: su amante, al reconocer una donación millonaria para ella y para su hijo; su primo y testaferro, Álvaro de Orleans y Borbón: «Pagué muchos viajes privados al rey emérito y a Corinna».

Lo más sorprendente de esta historia real es que en ella aparecen dos individuos siniestros y peligrosos, uno de ellos muy conocido, Juan Villalonga Navarro —que fue director ejecutivo de Telefónica e íntimo amigo de José María Aznar— quien, presuntamente, reunió al polémico y peligroso comisario José Manuel Villarejo con la falsa princesa, al parecer muy amiga de la tercera esposa de Villalonga.

¿Qué tiene el exdirector contra el rey Juan Carlos para propiciar este encuentro grabado, al parecer sin consentimiento de Corinna, e incluso inducir las respuestas de Corinna a determinadas preguntas?

El otro personaje es Álvaro de Orleans y Borbón, hijo del infante Álvaro de Orleans y Sajonia-Coburgo Gotha, VI duque de Galliera. Residente en Mónaco, posee varias fincas en España, entre ellas, el club de golf Costa Ballena, en Cádiz, así como bodegas y fincas. En Roma, una lujosa villa, y una mansión en la isla de Ischia.

Álvaro es gran amigo de Corinna y ambos viven en Montecarlo. Lo más sorprendente es que Felipe y Letizia se han alojado allí durante esas vacaciones secretas a las que nos tenían acostumbrados contra toda ley de transparencia. También Iñaki Urdangarin mantuvo contactos laborales con la «amiga entrañable» del rey. ¡Pobre doña Sofía! ¡Todos la traicionaron!

El otro 14 de abril

El 14 de abril de 1931 se produjo la caída del rey Alfonso XIII. El 14 de abril de 2012, la del rey Juan Carlos I, principio, también, de su caída como rey.

Aquel día, la reina Sofía se encontraba en Grecia, concretamente en la isla de Spetses, donde, a diferencia de Felipe y Letizia, ha conseguido una entrañable relación familiar de tres generaciones. No cabe la menor duda de que, a diferencia de los Borbones reinantes, los griegos son una de las familias reales más unidas desde que se instalaron a vivir en Spetses, en el año 2013, después de casi medio siglo de exilio en Londres.

Allí se encontraba doña Sofía, disfrutando de las vacaciones de Semana Santa junto a su hermano Constantino y familia, cuando supo del accidente del rey en Botsuana. Y lo que es peor, en compañía de quién estaba.

Aunque todos le pidieron, le aconsejaron, que se quedara, ella, profundamente afectada, ofendida y humillada, prefirió regresar a Madrid. Una vez más, como cuando en febrero de 1976 regresó de Madrás —donde se había refugiado junto a su madre después de contemplar con sus propios ojos una de las primeras infidelidades de su marido—, prefirió enfrentarse, con su dignidad herida públicamente, a la situación, aunque temiendo que Corinna estuviera a los pies de la cama de don Juan Carlos en la clínica, como lo había estado cuando ella viajó a Barcelona tras la operación de pulmón.

Ella no sabía que Rafael Spottorno, jefe entonces de la Casa de Su Majestad, no solo le había impedido a Corinna Larsen —quien había acompañado al soberano desde Botsuana en el avión en el que regresaba con la cadera fracturada— que se quedara en La Angorrilla, «su casa», sino que le había pedido que se fuera de España. No se le permitió ni acompañarlo hasta la clínica.

Desconociendo todo esto, la reina se trasladó desde el aeropuerto de Madrid-Barajas directamente a la Clínica San José, donde el reputado y gran cirujano Ángel Villamor intervino al rey de una fractura de cadera para implantarle una prótesis.

Pero aunque doña Sofía entró en el centro hospitalario, salió a los pocos minutos sin llegar a ver a su esposo. Solo se interesó por su estado. Días después, la familia real, incluido Iñaki Urdangarín —que conducía la furgoneta—, visitó al enfermo, muy cabreada y tal vez para avergonzarlo. Felipe y Letizia lo hicieron por su cuenta, aunque coincidieron con el resto en la habitación, a la que no se permitió la entrada de Urdangarín, quien se mantuvo en un saloncito contiguo. Fue uno de esos errores de doña Sofía: intentar aparentar ante la opinión pública que eran una familia unida. Lo mismo hizo cuando, después de la imputación de Iñaki y Cristina en el caso Nóos, los visitó en Washington, donde residían tras haber sido apartados de la familia. La fotografía, portada de la revista *¡Hola!*, levantó una violenta polémica contra la reina.

Un médico amigo mío, presente en la habitación durante la visita de la familia al rey, contaba que Letizia, el único miembro de toda la familia que mantuvo cierta dignidad como representante de esa enorme y poderosa *ordinary people,* en su cólera más ardiente, se esforzaba por no demostrar el visible cabreo que le suponía visitar a su real suegro, hasta que, en un momento dado y desde el quicio de la puerta de la habitación y con la mano izquierda chulescamente apoyada en la cadera, gritó: «¡¿Nos vamos, ya?!».

Posiblemente la sociedad española estaba comprobando aquel día que la conducta de don Juan Carlos era mucho peor para la institución que la boda de

Felipe con una divorciada nieta de un taxista. Precisamente, el día en que el soberano se negó a aprobar este matrimonio, le dijo a su hijo: «Te vas a cargar la monarquía». Supongo que ese día, en la habitación del hospital, ella pensaría que quien se estaba cargando la monarquía era su suegro.

Nunca entenderé por qué Felipe VI ha esperado hasta ahora, cuando España y sin distinción de clases sociales sufre una de las mayores tragedias colectivas de su historia reciente, para airear todas sus miserias familiares. Lo hizo cuando supo que había sido designado como heredero de la fortuna de dudosa procedencia que su padre tenía en Suiza, el 5 de marzo de 2020, y renunció a la herencia. Posiblemente pensó que el asunto no iría a más, según opina la periodista de *El Mundo*, Lucía Méndez. Pero el regalo de 65 millones de euros a Corinna era muy fuerte. Y, además, lamentablemente, con malas explicaciones por parte del rey Felipe, según el compañero Arcadi Espada.

¡Corinna habla!

Lo que más ha dolido y humillado a don Juan Carlos fue la magnífica entrevista que dos grandes periodistas españoles, Eduardo Inda y Manuel Cerdán, consiguen de la examante del rey para que responda a todas las preguntas que desean hacerle para *Okdiario*. Y ella, por fin, acepta el 28 de septiembre de 2020, cuando se reúne con ellos en la suite *Sutherland* del lujoso hotel londinense Connaught, y que este autor se honra en ofrecer en su totalidad a los lectores gracias a la gran amistad que lo une a los autores de esta sensacional entrevista.

E. Inda: Hola, buenos días.

Corinna: Buenos días.

E. Inda: ¿Es usted Corinna zu Sayn-Wittgenstein?

Corinna: Sí, soy Corinna.

E. Inda: ¿Es usted la persona que aparecía en las cintas grabadas por el excomisario Villarejo?

Corinna: Eso parece.

E. Inda: ¿En español?

Corinna: Parece que sí.

E. Inda: ¿Tuvo usted una relación con el rey Juan Carlos?

Corinna: Sí, por supuesto.

E. Inda: ¿Durante cuántos años?

Corinna: Muchos años.

E. Inda: ¿Recuerda esa relación con cariño?

Corinna: Sí, siempre.

E. Inda: ¿Cómo describiría lo que ha pasado después?

Corinna: No puedo explicar eso en español así que... ¿Me repite la pregunta en... ?

E. Inda: ¿Cómo calificaría lo que ha pasado en los años posteriores?

Corinna: La relación fue muy buena y luego, de repente, todo ha terminado en una gran tormenta, en una explosión...

Es una tragedia realmente, que fue tan innecesaria... Y aún no entiendo la motivación. Habría seguido siendo una muy fiel e incondicional amiga de Juan Carlos el resto de mi vida, y puedo hablar por mis hijos al decir que ellos hubieran hecho lo mismo. Por qué se volvió contra mí de un modo tan cruel y agresivo me provoca una profunda tristeza, y confusión, porque aún no entiendo por qué cambió así.

E. Inda: Si no hubiera intervenido Sanz Roldán, ¿habría saltado todo por los aires?

Corinna: Pienso que Sanz Roldán es sin duda responsable en la destrucción de esa relación. Pero creo que destruir esa relación era su misión porque no me veía bien, y pienso que probablemente no era el único. Lo que cuestiono es que cuando figuras de la clase dirigente no aprueban las relaciones de su rey, ¿no sería mejor si los hombres tuvieran el valor suficiente para enfrentarse a su número uno, al rey, en vez de tratar de hundir y destruir a una mujer y a sus hijos?

E. Inda: ¿Fue Juan Carlos responsable de esto o fue Juan Carlos víctima de Sanz Roldán y de otras personas?

Corinna: Estoy aún tratando de entender las complejidades de lo que ocurrió. Diría sin duda al principio, cuando Juan Carlos estaba muy enfermo, así que me refiero de 2011 a 2013, sin duda creo que fue víctima de una conspiración para que abdicara. Él identificó muy claramente quiénes fueron y por qué.

E. Inda: ¿Quiénes fueron?

Corinna: En 2011 me dijo que se había enterado de que en palacio se mantenían conversaciones secretas a sus espaldas. Identificó de forma muy directa a la reina Sofía y que su relación se había vuelto tan disfuncional que era ya hostilidad apenas oculta. Y dijo que ella solo se había quedado ahí tanto tiempo para ver a su hijo ascender al trono, y que estaba deseando que Felipe fuera ya rey porque tenía más influencia sobre su hijo que sobre su marido. Esas fueron sus palabras precisas. Así que es obvio que tuvo que haber personas que apoyaran sus ambiciones desde dentro. Las intrigas palaciegas han sido un elemento de la historia durante cientos de años.

Más adelante, en 2011, también dijo que pensaba que el primer ministro Mariano Rajoy no veía a Juan Carlos positivamente y estaba posiblemente tratando de reducir su poder y debilitar la institución de la monarquía. Esto es lo que me dijo. Y pienso que por supuesto el escándalo Nóos, a finales de 2011, creó una crisis monumental para la familia real. Fue la primera vez que la gente empezó a hacer preguntas sobre las gestiones financieras de la familia real, y en particular sobre las gestiones financieras y la participación de Juan Carlos en los turbios asuntos de Urdangarín. Esto fue lo que puso todo el proceso en marcha. Así que pienso que los primeros años yo lo veía y él se veía como alguien a quien estaban expulsando. Había gente presionando para que abdicara. Por supuesto, lo lograron. Abdicó en 2014. Después de eso, creo que las acciones del general Sanz Roldán si me preguntan para destruir mi reputación, atemorizarme, atropellarme cada día mediante sus contactos en los medios, no hicieron nada bueno por una amistad, como puede imaginar. Así que sí. ¿Pienso que hay personas responsables de deshacer esa relación? Desde luego que sí.

M. Cerdán: ¿Pero el rey no estaba informado de todas esas acciones o de los contactos de Sanz Roldán con usted?

Corinna: Pienso que el rey sabía ciertas cosas. No estoy segura de que lo supiera todo. A menudo cuestiono ciertas cosas como la ocupación de Mónaco o ciertas cosas que se me dijeron. Y lo que el rey me dijo difería de lo que el general Sanz Roldán me dijo. Así que, ¿dio vagas instrucciones y el general se extralimitó en esas instrucciones?

M. Cerdán: Por lo que cuenta usted, todos los integrantes de la Casa del Rey estaban remando a favor...

Corinna: No todos ellos. Pero...

M. Cerdán: ... a favor de esa abdicación. La mayoría.

Corinna: Pero sin duda algunos de ellos. Siempre tienes que mirar quién acaba arriba y quién se beneficia. En última instancia tienes que mirar quién acabó ahí arriba y quién se ha beneficiado de ello.

E. Inda: ¿Por qué ha elegido este hotel, el Connaught, para hacer esta entrevista?

Corinna: Viví aquí, así que tengo recuerdos muy emotivos de este lugar. También tengo algunos no tan buenos, pero viví aquí bastante tiempo cuando aún no tenía casa en Londres, así que es un poco como mi casa.

E. Inda: ¿Le trae malas sensaciones?

Corinna: Digamos que viví aquí algún que otro incidente bastante inquietante, no precisamente los más agradables de mi vida.

E. Inda: ¿Con quién?

Corinna: Creo que es bien sabido que tuve una reunión aquí con el general Sanz Roldán a principios de mayo de 2012. Esa reunión la organizó su entonces majestad Juan Carlos de España, y vino tras una serie de incidentes preocupantes: unos mercenarios ocuparon mi apartamento de Mónaco, agentes españoles entraban y salían, me habían vigilado y seguido agresivamente en Brasil... Todo esto, muy poco después del viaje de Botsuana. Así que cuando han ocupado tu casa, tu oficina, todos preocupados y tras una experiencia tan aterradora en Brasil, que el jefe de los servicios secretos de un país venga a hablar contigo es algo que como poco intimidaría a la mayoría. Lo que se dijo durante esa conversación, dado lo que había ocurrido ya, me causó miedo. Tenía motivo para temer por mi vida. Lo que se dijo fue para dejar ver un poder absoluto, y el mensaje que me dio era muy claro: que si no seguía las instrucciones, no garantizaba mi seguridad física ni la de mis hijos.

M. Cerdán: Pero usted se sintió... se sintió entonces amenazada directamente por las palabras del entonces director del CNI...

Corinna: No fueron solo las palabras. Es lo que trato de explicarle. Cuando han ocupado ya tu casa y tu oficina y han cruzado fronteras... Los servicios secretos de un país como España han cruzado fronteras en operaciones negras ilegales entrando en territorios soberanos extranjeros sin respetar ninguno de los protocolos aplicables normalmente a este tipo de operaciones, te das cuenta de que han llegado a todas partes... Y encontrarte, incluso en Londres, en el Reino Unido, donde se toman esas infracciones muy en serio, frente al jefe de los servicios secretos diciéndote lo que puedes y no puedes hacer es sobrecogedor.

Ese mismo día viajé a Suiza y allí, en mi apartamento, encontré un libro sobre la muerte de la princesa Diana. Estaba claro que también habían entrado en mi apartamento de Suiza. Recibí una llamada diciendo «Hay muchos túneles entre Mónaco y Niza». Creo que si consideras todo eso, cualquier persona normal, cualquier civil enfrentado a una situación así, temería por su vida.

E. Inda: ¿Quién pagó esto? Esas operaciones encubiertas.

Corinna: Buena pregunta, una que pienso debería plantearse en el Gobierno de España, porque tampoco entiendo por qué esas operaciones negras eran necesarias. Nadie me pidió nunca documentos concretos. Dejé muy claro en cuanto regresamos de Botsuana que no iba a hablar con los medios sobre mi relación personal con el rey Juan Carlos. Yo no había filtrado lo del viaje, no había pedido nada y no había amenazado a nadie con nada. De hecho, quería asegurarme de no causar preocupación alguna. Estaba dispuesta a cooperar y, si me hubieran pedido algo, cualquier documento, lo habría entregado de inmediato. Así que todas esas operaciones negras eran totalmente innecesarias. Y debieron de costar una fortuna. La cuestión es: ¿para qué?

E. Inda: ¿Qué piensa usted? ¿Quién pagó esto?

Corinna: No sé cómo funciona esto en España...

E. Inda: [???] ¿Fondos españoles?

Corinna: Supongo que el CNI es un organismo financiado por los contribuyentes, así que cabe preguntarse: ¿Lo pagó el CNI? ¿Lo pagó la Casa del Rey? ¿Quién lo pagó?

M. Cerdán: Pero en esa... en ese encuentro que usted tuvo... No sé cuánto duró, ¿cuánto tiempo estuvo con el general Sanz Roldán reunida ese día?

Corinna: Cuando estás asustada y tienes la adrenalina por las nubes es difícil pensar cuánto tiempo... Hubo una especie de desayuno, pero no podría decirte si duró 25 o 45 minutos. Estaba tan estresada...

M. Cerdán: ¿Y él...? ¿Él...? ¿Le llegó él a decir que no podía garantizar la seguridad de usted y de sus hijos?

Corinna: Sí, si no seguía las instrucciones. Las instrucciones eran que no podía hablar con los medios bajo ningún concepto. Esto equivalía a una mordaza. Nunca había hablado con los medios en España ni en ninguna parte. Hasta 2012 no tenía presencia alguna en los medios, y esa tormenta mediática no la creé yo. Lo que se dijo de mí en esas narrativas prefabricadas, y el general admitió que eran ellos quienes habían filtrado lo del viaje, causó un daño inmenso. Equivalió a un asesinato en toda la regla de mi personaje. Y no se me permitía defenderme ni corregir nada. Así que una instrucción muy estricta fue no hablar con los medios. La segunda instrucción fue que mi cooperación afectaba a 45 millones de españoles. Esto te deja claro que, si haces algo, pueden decidir que eres enemiga del Estado y por tanto cualquier tipo de violencia contra ti estará justificada.

E. Inda: Es como hablaría la mafia.

Corinna: ¿Eh?

E. Inda: Es como hablaría la mafia.

Corinna: Desde luego, no es algo que esperarías de una democracia moderna que funciona. Es más típico de regímenes totalitarios. De verdad fue de lo más alarmante. También dijo que debía motivar al rey Juan Carlos a seguir en su trabajo, es decir, para que siguiera siendo rey, a distancia. Eso es pedir algo bastante difícil. Supongo que esperaba que me quedara al tanto, llamándolo a diario, y le tuviera contento y motivado. Fue una lista de instrucciones, solicitudes, exigencias por así decir de lo más inusual.

M. Cerdán: Y sobre todo porque a usted, si no estoy mal informado, la salida de Madrid pues de alguna...

En medio de aquel... Después del accidente de Botsuana, a usted la invitaron a irse de Madrid, ¿no? ¿Y el general Sanz Roldán tuvo parte también en esa actuación?

Corinna: ¿Se refiere al rumor de que me echaron de Madrid y me llevaron hasta la frontera a la fuerza?

M. Cerdán: Efectivamente. Esa es la imagen... [???] ¿La echaron o no la echaron de Madrid?

Corinna: No, para nada. De hecho, creo que la mayoría de los españoles no saben que traje al rey de vuelta en nuestro avión, en el avión que había alquilado para mi familia. No había plan alguno de repatriación montado para traer al rey lesionado de vuelta a España. Y nadie estaba preparado en aquel viaje, ni siquiera Eyad Kayali, que tiene una estrechísima amistad con su majestad, un hombre poderosísimo y asesor superior del rey Salmán de Arabia Saudí...

E. Inda: Y también del rey Fahd.

Corinna: También del rey Fahd. No estaba preparado para organizar el vuelo de vuelta. Yo habría optado por una evacuación médica de verdad, porque la cosa parecía bastante grave. Pero no, fuimos nosotros quienes trajimos al rey de vuelta a Madrid. Como era un vuelo largo, tuvimos que pasar la noche en el hotel Villamagna, donde me quedé con mi hijo y mi primer esposo, y a la mañana siguiente nos fuimos al aeropuerto sin más. Yo me fui a Suiza con mi hijo, y Philip a Londres. Nadie nos sacó a la fuerza del hotel. De hecho, no pasó nada de nada. Nos fuimos sin más.

La Angorrilla

M. Cerdán: No, incluso decían que la habían echado de un palacio donde usted vivía en Madrid, que era el famoso palacio... que era una casa de caza, ¿no? El de La Angorrilla.

Corinna: ¿Qué palacio? ¿La Angorrilla?

M. Cerdán: La Angorrilla. [???]

Corinna: Claro que no. Esa es una de las mayores leyendas que se ha inventado jamás en España. Ese antiguo chalet de caza de Franco estaba un tanto ruinoso. No se arreglaba desde los años sesenta. Era una casa pequeña de tres habitaciones sumamente sencilla en el terreno de la Corona. Nunca tuve las llaves ni acceso independiente a esta propiedad. Solo podía ir cuando el rey estaba en palacio, que no era muy a menudo, y era un sitio muy incómodo. Llamarlo palacio es engañar al público para dar una imagen de una mujer despilfarradora, cuando aquello era casi como acampar al principio.

E. Inda: Todos sus problemas empezaron en Botsuana.

Corinna: Sí.

E. Inda: [??? Dijeron que era una] conspiración... Supongo que usted...

Corinna: Diría que el viaje de Botsuana se preparó a conciencia con antelación. Y le explicaré, después de describir brevemente cómo se desarrolló todo, por qué Juan Carlos pensaba que había una conspiración y por qué este viaje se usó para llevar a cabo un plan que llevaba preparándose tiempo ya antes de este viaje. El viaje de Botsuana no se filtró al público por medios normales ni convencionales, es decir, normalmente un *paparazzo* hace una foto, o alguien se va de la lengua y de pronto tienes una noticia que explota en los medios internacionales. En este caso el viaje se filtró a propósito, como admitió el mismo general Sanz Roldán. Sus palabras fueron «lo filtramos», cuando hablamos aquí en este hotel. No sé si ese plural era un plural mayestático, si quería decir «el general y el CNI» o «el general y miembros de la Casa Real» o «el general y el Gobierno de España». La cuestión es ¿a quién se refiere ese plural? En cualquier caso, cuando tienes planeado filtrar un viaje concreto, tienes tiempo para inventar una narrativa, y pienso que mientras el avión despegaba en Botsuana, estas narrativas preescritas estaban ya imprimiéndose en España. La narrativa que se inventó para mí era sumamente negativa. Me pintaron como una especie de María Antonieta, lady Macbeth, Wallis Simpson...

E. Inda: ¿Una bruja?

Corinna: Una bruja, a la que se podía responsabilizar de todo lo que, como habría dicho Shakespeare, estaba podrido en la Casa de Borbón. Así que equivalió a un asesinato en toda la regla de mi personaje. Fue sumamente violento para una persona que jamás ha aparecido en la prensa leer... y para mi familia, leer unas narrativas tan dañinas. Para el rey Juan Carlos, esta historia de ninguna manera podía producir nada positivo. De hecho, dañó gravemente su reputación. Diría que marcó el principio del final de su reinado. Nunca se recuperó de este escándalo y fue el punto de partida de discusiones sobre su abdicación, que tuvo lugar no mucho después.

E. Inda: Sí. ¿Cuándo fue la última vez que habló usted con el emérito? Creo que fue en marzo de 2010...

Corinna: Así es. Vino...

E. Inda: ¿Cómo fue la reunión?

Corinna: Vino a Londres, a nuestra casa. Me había llamado para decirme que pensaba que debíamos hablar. Yo acepté. Mi hijo y yo lo recibimos de buena fe. Pensamos que había ido a hablar sobre poner fin a esta larga campaña de abuso y acoso contra mí. Por desgracia, creo que nos equivocamos. En cuanto entró... Porque entró ya con un hombre que sin duda no era su secretario personal. Cuando le pregunté a ese hombre si era su secretario personal, no pudo contestarme. Insistí varias veces y se le veía muy incómodo. Al final vino a admitir que solo acompañaba al rey en misiones especiales. Mi personal de seguridad... Puse seguridad en aquella ocasión concreta porque no me sentía muy segura... Era un tío israelí muy listo. Suelen ser muy buenos. A él le parecía sospechoso también. El rey llevaba un pin en la solapa, como una bandera de España, y se comportaba de forma muy rara. No hacía más que echarse hacia delante y preguntarme lo que quería. Así que le pregunté: «¿Estás aquí para hablar de una salida pacífica, constructiva y digna a esto para nuestras respectivas familias o ha preparado el general esta visita?». Me respondió enigmáticamente. Primero empezó a decirme que el general era su mejor... mayor protector, un amigo íntimo... Y después dijo que sin el general... —e hizo un gesto muy raro con la mano— él estaría... Eso fue lo que nos indicó. De pronto me preocupó de veras que el general pudiera estar usando al exrey de España como espía. Había venido a Londres con un micrófono oculto, como todos los demás, para tender una trampa a su exnovia. Pienso que a Juan Carlos no se le daba nada bien jugar a ser 007 porque fue simplemente una situación embarazosa y nos quedamos atónitos de adónde habían llegado las cosas.

E. Inda: ¿Le habló sobre *Okdiario*?

Corinna: Quiso hablar con mi asesora de comunicaciones, Salamander, porque quería saber los nombres de los periodistas españoles que hacían preguntas inconvenientes. Lo hizo de tal modo que era casi «Danos los nombres y nosotros nos ocupamos de ellos», así que Salamander fue muy diplomática. Respondió a su llamada y le dijo que los medios de todo el mundo estaban haciendo preguntas y que no había nadie en particular.

E. Inda: Pero ¿le dijo «Deje de hablar con *Okdiario*»?

Corinna: No, dijo: «Deja de hablar con los medios» «Por favor, no hables con los medios».

M. Cerdán: Ha hablado usted de grabaciones, de micrófonos, y yo tengo una duda. A ver si me la resuelve. La conversación con Sanz Roldán ¿remotamente puede estar grabada? ¿O la visita del rey a su casa también?

Corinna: He sido víctima de grabaciones encubiertas por parte de la clase dirigente de España, desde el primer día. Así que quién sabe lo que ocurrió y cuántas veces te habrán grabado. A lo mejor te graban todo el tiempo. La cuestión es cuánto graba el general o el CNI a otras personas en España. Cuánta información comprometedora amasan contra miembros de la clase dirigente, del poder judicial, de la prensa y quizá incluso de la monarquía. Y si esto es así, el país podría estar entonces en poder del general. Sería muy preocupante si ese resultara ser el caso.

E. Inda: ¿Piensa que la Casa del Rey ha sido torpe en todo esto?

Corinna: ¿Torpe? Torpe no es el término que usaría. Ha sido una gestión a veces despiadada, a veces imprudente y a veces curiosamente pasiva. Creo que es también un reflejo de ese concepto de inviolabilidad que contiene aún su Constitución y que es legado de Franco, pero que los hace sentirse casi invencibles, inviolables, sin obligación de rendir cuentas. Así que cuando presentas un asunto grave, como el abuso a una mujer y sus hijos, no recibes respuesta. La respuesta que recibes es «No nos concierne». Eso es realmente un problema. Lo encuentro de verdad desconcertante.

M. Cerdán: ¿Cree usted que esa onda expansiva, todo lo que ha ocurrido, puede afectar a la imagen o al reinado de Felipe VI?

Corinna: Esa es en última instancia una cuestión que España deberá determinar. Yo no soy española ni residente en España. Pienso que las acciones de diferentes personas, posiblemente con agendas diferentes y en conflicto, crearon esta crisis. Pienso que la misma Casa Real ha sido artífice de sus propios problemas. Y después hubo personas que los asesoraron mal. Cómo termine esto en el futuro es esencialmente algo que debe decidir el pueblo español.

M. Cerdán: Pero ¿cree usted que todavía queda mucha información...? Porque en *Okdiario* ya hemos publicado casi todo. Lo de Suiza, todas las investigaciones. Pero ¿cree usted que queda todavía mucho por saber sobre los negocios de don Juan Carlos?

Corinna: Creo que es algo bien conocido y usted sabrá mejor que yo. Han sido cuarenta años de un *modus operandi* en España que está bien documentado, pienso, y se conoce, durante esos cuarenta años, de una empresa familiar. El *New York Times* estima la fortuna total en 2.300 millones de dólares. *Forbes* la ha estimado en torno a 1.200 millones de euros.

E. Inda: ¿Piensa que eso es cierto?

Corinna: Estoy segura de que son publicaciones bastante serias y que basan sus estimaciones en una investigación bastante exhaustiva, así que no soy quien para contradecirlas. No lo sé. Pero parece que a lo largo de cuarenta años se sabe de muchos regalos y grandes transacciones para los intereses comerciales de España. Pero ahora mismo el punto de mira apunta solo a una cantidad, a una transacción. Muy conveniente, porque la gente olvida cuánto más puede haber aún por descubrir.

E. Inda: ¿Hubo muchas más transacciones *offshore*? ¿Transacciones del rey Juan Carlos?

Corinna: Sé muy poco de sus finanzas personales. Cuando no eres la esposa de alguien, y yo no lo era, ni vives con esa persona... Jamás se me ocurrió que su situación económica, sus finanzas fueran asunto mío. Esto es algo que la reina Sofía conocería mucho mejor, su familia conocería mucho mejor. Yo tengo un conocimiento mínimo, y del resto, lo del dinero de Suiza, me he enterado por el proceso judicial de Suiza.

M. Cerdán: Pero él le haría muchas confidencias a usted mientras estuvieron... ¿Cuánto tiempo estuvieron juntos al final? Porque esa es otra de las dudas que tenemos.

Corinna: Cuando se saca tanta información falsa y desinformación, se vuelve muy difícil entender lo que pasó y no pasó. La relación comenzó en 2004. Es bien sabido, creo. De vez en cuando hubo altibajos, porque no es un hombre fácil de tratar. Como nunca vivimos juntos, yo simplemente hacía la maleta y me iba a mi casa unos meses. Esto ocurrió un par de veces.

M. Cerdán: ¿Tenía relaciones con otras mujeres cuando estaba con usted?

Corinna: Con el tiempo empecé a ver que no le era fiel a nadie, yo incluida, y también se hizo manifiesto que no lleva una doble vida. A menudo se habla de hombres que llevan una doble vida. Le era posible llevar multitud de vidas, así que no era fácil de llevar para nadie, y yo no quise ser parte de un harén. Así que pasamos a estar muy, muy unidos; esa relación sentimental evolucionó hasta una amistad muy profunda y estrecha que duró muchos años, después de que la relación dejara de ser como al principio, por así decir.

E. Inda: ¿Cuándo terminó la relación entre Juan Carlos y usted?

Corinna: La amistad... la relación entera... en 2014. Pero le diré cuáles fueron los incidentes determinantes que...

E. Inda: ¿Y la relación sentimental?

Corinna: La relación sentimental evolucionó, porque rompimos en 2009. Estuve muy deprimida. Me fui a mi casa, mi padre había fallecido. Necesitaba unos meses para despejarme la cabeza. Mi hijo veía al rey como a un segundo padre y el rey estaba muy apegado a él. Y cuando hay hijos de por medio... Tuvimos varias conversaciones por teléfono planteándonos si debíamos tratar de hacer un esfuerzo por los hijos. Intentamos tener esto en cuenta. A pesar de ese intento, a principios de 2010 al rey le diagnosticaron una enfermedad bastante grave.

E. Inda: ¿Cáncer?

Corinna: Fue el tumor de pulmón. Estaba convencido de que era canceroso y tenía bastante miedo de morir. En aquel momento pasó a ser cuestión más bien de no abandonarlo en aquel momento difícil. Y ya saben que nunca se recuperó muy bien de esa operación ni de otras que hubo. Ahí me convertí sin más en la amiga fiel e incondicional que cuidó de él, y mi familia y yo lo visitábamos de cuando en cuando para ver si estaba bien.

M. Cerdán: Una pregunta que antes no le he hecho, que no nos ha contestado todavía. ¿Le hizo alguna confesión don Juan Carlos de los negocios o de esa doble vida, o de esa caja B que tenía?

Corinna: Mi ascendencia es anglosajona y escandinava, lugares en que las monarquías están muy reguladas. También los negocios lo están. Así que España para mí fue toda una sorpresa, porque es casi como una oligarquía. Hay quizá unas cien personas que controlan el país entero y todos están estrechamente involucrados los unos con los otros de algún modo. Cuando yo iba a España era por motivos sentimentales. Pasábamos el fin de semana juntos no para hablar de negocios; pasábamos el fin de semana juntos para pasar un fin de semana romántico juntos. La gente olvida que esto era por encima de todo un romance;

no era una relación comercial. Con el tiempo vas notando gente que viene y va, que habla de ciertos grandes proyectos, y de pronto te das cuenta de que España funciona de forma distinta a otros países. Así que es más algo que fui constatando con el tiempo, y cuando hacía preguntas, él me decía: «No entiendes cómo funciona España». ¡Ya lo creo que no!

E. Inda: ¿Quiénes forman esa oligarquía en torno a don Juan Carlos?

Corinna: Creo...

E. Inda: Los más importantes...

Corinna: Eduardo, no necesita hacerme esa pregunta. Creo que es usted un experto...

E. Inda: Usted estuvo más cerca de Juan Carlos que yo.

Corinna: Creo que tiene usted más experiencia y conocimiento. Él tiene muchos amigos. Algunos, está bien documentado, han tenido tratos financieros con él. Otros, no lo sé seguro, así que no quiero señalar a nadie. Pero creo que en España es bien conocido cómo funcionan las cosas.

M. Cerdán: Pero en ese... en esa oligarquía, ¿qué papel desempeñaba Álvaro de Orleans, el primo del emérito, que, bueno, tiene parte también en su trama de negocios?

E. Inda: ¿Es un testaferro de Juan Carlos?

Corinna: Manuel y Eduardo, esto lo está investigando actualmente Yves Bertossa en Suiza y preferimos no comentar sobre ello. Es algo que pienso que tenemos que dejar para el fiscal. Entiendo que está investigándolo en detalle actualmente.

M. Cerdán: ¿Y sobre Fasana y Canonica...?

Corinna: Es lo mismo.

M. Cerdán: Que son los testaferros, ¿tampoco?

Corinna: Es el mismo principio. No somos libres de comentar y esto se está investigando en Suiza exhaustivamente.

M. Cerdán: Pero ¿cree usted que al final esa investigación va a llegar a algún puerto? ¿Se va a aclarar algo o usted tiene el pesimismo de que lo van a tapar todo, como siempre ocurre?

Corinna: Está la esperanza de que, al estar en una jurisdicción diferente, aunque el proceso se está extendiendo tanto, al final se aplicará la debida diligencia para ver qué ocurrió realmente. Creo que el problema reside en el hecho de que a Juan Carlos lo protegía la Constitución y es inviolable. En cierto sentido falta el actor principal en todos estos eventos. Todos los demás son periféricos, así que es una investigación periférica. Falta el centro de la operación.

M. Cerdán: Una pregunta más fácil. ¿Llegó a ver usted la caja de contar dinero en la Zarzuela? ¿O le contó Juan Carlos que tenía esta máquina?

Corinna: La vi. La vi en Palacio, en la Sala de Tesorería, creo que en torno a 2006, si no recuerdo mal. Era asombroso. Me quedé boquiabierta.

M. Cerdán: ¿Y lo vio contar dinero a él o no?

Corinna: No, pero me la mostró. Un miembro del personal me mostró cómo funcionaba.

E. Inda: ¿Movió mucho dinero en... muchos billetes?

Corinna: ¿En?

E. Inda: En... billetes de dinero. Mucho... dinero... ¿efectivo?

Corinna: ¡Cash!

E. Inda: ¿Mucho?

Corinna: Obviamente se ha visto en el proceso judicial de Suiza que los administradores del rey Juan Carlos transfirieron grandes sumas de dinero entre Suiza y Madrid. Grandes sumas cruzaron la frontera y todos sabemos que, para ti, para mí y para ti, el límite son diez mil. Así que grandes sumas cruzaron la frontera regularmente, sí.

E. Inda: ¿Cuánto?

Corinna: Creo que todas esas cifras se han publicado ya en España. No le sé decir...

E. Inda: ¿Lo recuerda?

Corinna: Digamos que probablemente en torno a cinco millones...

E. Inda: ¿De cada viaje?

Corinna: No, creo que doscientos cincuenta, trescientos... Depende... Es... Lo hemos visto en los documentos del proceso y creo que alguien lo ha publicado. No recuerdo qué publicación, pero...

M. Cerdán: Ese dinero era el que llegaba a Madrid en maletas a través del aeropuerto de Barajas, ¿no?

Corinna: Supongo que en algunos vuelos. En el proceso judicial se ha visto que hubo también vuelos comerciales, así que debió de haber algún arreglo especial para facilitarlo.

M. Cerdán: Eran jets privados también contratados, ¿no? Por toda esa trama económica, ¿no?

Corinna: Eso parece, sí.

E. Inda: ¿Cuánto puede Juan Carlos [???] algo de dinero [???] respondió un poco al principio de esta entrevista. ¿Y qué hay de los bienes raíces que posee fuera de España, en países extranjeros?

Corinna: No sé cuál es la situación actual, lo que tiene o no tiene...

E. Inda: ¿Cuál era cuando estaban juntos?

Corinna: Como le he dicho, no hablábamos de sus finanzas regularmente. Salía algún comentario acá y allá. Pero no estoy plenamente informada sobre su patrimonio neto total. Solo puedo guiarme por lo que he leído sobre regalos recibidos a lo largo de cuarenta años, y las grandes transacciones realizadas a lo largo de muchos años. Y lo que gente le ofrecía en cuanto a residencias en el extranjero.

E. Inda: ¿Cuántas casas tiene en Londres?

Corinna: No sé si tiene alguna aún, ni si alguna vez ha tenido alguna.

E. Inda: ¿Cuántas tuvo en el pasado?

Corinna: En el pasado, que yo sepa, nunca ha tenido casa aquí. También es difícil, porque hay quien pone casas a disposición por hospitalidad. Así que hay que tener cuidado con lo que se dice, porque no es cuestión de formular falsas acusaciones que podrían malinterpretarse.

M. Cerdán: La realidad es que don Juan Carlos sí que le entregó a usted, le donó 65 millones de euros. ¿Por qué le entregó esa cantidad de dinero?

Corinna: Cuando estuvo enfermo en 2011, y estuvo realmente mal, empezó a hablarme de su última voluntad, de su testamento. Quería dejar ciertas cosas a mi hijo, así es como empezó la conversación. Pero no eran solo cosas monetarias; eran también cosas sentimentales para él, como su colección de armas. Otras cosas que significaban algo para él. Después, en otra conversación, dijo que le preocupaba que su familia no respetara sus deseos si lo dejaba en un testamento normal. Estaba convencido de que lo ignorarían y que ninguna de las cosas que quería transferir se transferirían. También habló abiertamente sobre Marta Gayá, que deseaba asegurar su futuro... Esto está bien documentado, también en el proceso judicial. Cómo había cuidado de ella financieramente durante su relación y en qué medida había cuidado de su propia familia a lo largo de su vida. Así que quería hacer una contribución, hacernos un regalo. Nunca entendí ni nunca hablé de cuánto. Tiene que entender que yo nunca pedí nada. Fue puramente deseo suyo. Y no puedes discutirle a un hombre lo que quiere regalar. Recibí esa gran cantidad de dinero. Era un regalo increíblemente generoso. Me sorprendió muchísimo. Sé ahora por los documentos del proceso judicial que ya en 2011 estaba dando instrucciones sobre donaciones para mí y otras para Alexander. Y pocos días después se transfirió la primera donación a Marta Gayá. Nuestra donación tardó más porque el rey se tomó tiempo para documentarla con la mayor atención. Tuvo que emplear notarías en España para asegurarse de que los derechos de sucesión de sus herederos se tenían en cuenta, para que la familia no pudiera después cuestionar esta donación. Todas estas investigaciones produjeron un contrato de donación muy bien documentado, en el que incluso se especificaba que si yo fallecía antes que él, todo debía pasar al patrimonio de mis hijos. Así que no sacó dinero de una cuenta bancaria. Fue un testamento plenamente meditado y ejecutado en vida que le llevó un año preparar.

De ello solo puedo deducir que fue serio y que lo pensó con la mayor atención. Pero lo que pensó tendrá que preguntárselo a él.

E. Inda: Sí, pero le hizo un regalo de 65 millones. Debió de tener mil o dos mil millones de euros...

Corinna: Ahí es donde volvemos a las estimaciones del *New York Times* y de *Forbes*, que se situaban entre 1,4 y 2,3. Con eso, esa suma ya no parece tan grande dentro de lo que es su patrimonio neto total.

E. Inda: ¿Cree que el *New York Times* y *Forbes* son realistas?

Corinna: El *New York Times* y *Forbes* gozan de respeto en los círculos financieros internacionales en cuanto a sus estimaciones sobre el resto de la gente, así que me sorprendería que estuvieran tan desencaminados con el rey Juan Carlos.

E. Inda: ¿El regalo de 65 millones no fue consecuencia de negocios que hicieron juntos?

Corinna: No. Los 65 millones fueron un regalo que recibió del difunto rey Abdalá de Arabia Saudí en 2008. Es bien sabido que las familias reales española y saudí mantienen una amistad muy estrecha que se remonta a los setenta, cuando ya el rey Fahd donó cien millones, que debió de ser una cantidad fabulosa por entonces, para que el rey formara su Gobierno y pusiera en marcha su Constitución. A lo largo de los años los reyes saudís le han hecho donaciones muy generosas. Y no puedes acusar a un rey saudí de corrupción cuando hace un regalo. Son muy generosos y es conocido que lo son. Así que este regalo no es fruto de corrupción alguna. Fue un regalo que el difunto rey Abdalá le hizo al rey Juan Carlos. Si se refiere al contrato para el AVE, la cronología no encaja para nada, porque el consorcio del AVE no existía en 2008. Creo que los fiscales españoles están investigando esto muy bien y han llegado a la conclusión de que el consorcio inició el proceso en 2009. En 2010, algunas empresas españolas contrataron a dos intermediarios saudíes, o más bien fue solo uno en 2010, un destacado miembro de la familia real, y en 2011 a Shapari Zanganeh en dos ocasiones. Así que el regalo de 2008 y el contrato del AVE de 2011 no tienen nada que ver el uno con el otro.

M. Cerdán: ¿Le preocupa a usted la situación?

Corinna: Tomemos un descanso.

M. Cerdán: Corinna, ¿Juan Carlos le contó alguna vez cómo fueron sus años con Franco? ¿Sus inicios?

Corinna: Sí. De hecho, hablaba de ello con frecuencia. Pero aún más cuando estuvo en mal estado físico. Cuando uno empieza a preocuparse de que se va a morir, empieza a recordar la niñez y muchas anécdotas. Me contó que se sentía como una pelota de pimpón entre su familia y el general, el general Franco. Y me llevó por delante de un monasterio donde lo habían educado muy austeramente. Me explicó que sufría sentimientos de abandono porque no había estado con su familia. Debió de ser muy difícil para él crecer entre dos polos opuestos y navegar entre el general Franco y su propio padre, y al final tener que sacrificar a su propio padre para subir al trono él. Es algo que debió de serle muy difícil psicológicamente.

M. Cerdán: ¿Y le hizo alguna confidencia sobre un hecho histórico en España, que fue el intento de golpe de Estado del 23 de febrero de 1981?

Corinna: Diría que no en más detalle de lo que puedan leer en los libros de historia.

E. Inda: ¿Cómo era su relación con Franco? ¿Buena? ¿Eran como padre e hijo?

Corinna: Sí. En cierta medida era como una relación padre-hijo. Es que cuando eres tan joven y te educa este hombre, te transmite muchos valores. Y hasta cierto punto estos valores perviven en una persona. Aunque creara una democracia. Ciertas costumbres o ciertas... impresiones perviven.

E. Inda: ¿Él defiende el legado de Franco?

Corinna: No creo que lo defienda necesariamente. Pienso que creó una Transición a la democracia para España y se le admira por ello, no solo el pueblo español, sino el resto del mundo también. Creo que es más cuestión de que la Transición no ha llegado a completarse nunca del todo. Y la Constitución del 78 todavía contiene muchos elementos que podría decirse que son legado de la Constitución de Franco. Así que creo que es más una cuestión de rejuvenecer ciertas instituciones para reflejar la España verdaderamente moderna.

M. Cerdán: ¿Y en algún momento le hizo algún comentario...? Porque hay muchísimos libros donde se cuentan esas anécdotas, de si su familia o él de joven o de niño pasó penurias económicas fuera de España?

Corinna: Sí, desde luego. Creo que el exilio es siempre muy traumático para las familias reales, porque dependen de la caridad y generosidad de otros y en otro país. Obviamente su familia vivió el trauma del exilio. También la reina Sofía vivió el trauma del exilio. Es una pareja con ambos traumatizados por el exilio y pienso que eso crea una voluntad férrea de permanecer en el poder, porque no quieres volver a experimentar nunca algo así.

E. Inda: Pero ¿piensa que la pobreza fue la razón de que pusiera tanto dinero *offshore* estos cuarenta años?

Corinna: No soy psicóloga, pero imagino que si experimentas privaciones, no deseas repetir. También pienso que cargó con una responsabilidad enorme. Tenía una familia grande de la que ocuparse, incluidas sus hermanas y sobrinos... Todo el mundo. Cuando tienes la gran responsabilidad de mantener a todo el mundo, y obviamente fue capaz de hacerlo, y era legal conforme a la Constitución. Y ningún primer ministro hasta ahora ha cuestionado realmente ese *modus operandi*.

E. Inda: ¿Ayudó él en la corrupción de Urdangarín?

Corinna: Ciertamente diría, por experiencia propia, que tu pregunta comprende dos partes importantes. A Urdangarín me lo enviaron para que le encontrara un trabajo fuera de España...

E. Inda: En 2004.

Corinna: En 2004. Y mantuve largas discusiones con Urdangarín para encontrarle un trabajo apropiado, y se lo encontré. Al final decidió rechazarlo porque el aspecto financiero no era tan importante. Para mí estaba claro que se sentía presionado para mantener a su esposa, a la infanta Cristina, con las comodidades y condiciones que los padres de ella esperaban, y él no era más que un deportista y sus medios para lograr tal cosa eran limitados. Lo que sabemos es que el tesorero de la Fundación Nóos era Carlos García Revenga, que era el secretario personal de las infantas. Estoy segura de que la Casa Real estaba bien al tanto de lo que ocurría. También resulta que el CNI estaba copiando los registros informáticos cada mes. Así que me cuesta mucho creer que no supieran lo que estaba pasando.

M. Cerdán: Pero lo que sí es cierto es que en un momento intentaron utilizarla a usted también como muro, como chivo expiatorio en ese caso, ¿no?

Corinna: Sí. Para mí realmente fue..., y creo que muy poca gente entiende esto. En la relación o la amistad que aún existía con Juan Carlos a pesar del gran sufrimiento al que me veía expuesta, y también mi familia, con todas esas filtraciones después de Botsuana, me di cuenta de que la familia había conspirado para utilizar a una mujer inocente para sustituir a su hija y empecé a tener muchísimo miedo. Me di cuenta de que la familia podía ser muy peligrosa, de que en el momento en que su imagen o su situación se viera amenazada, no dudarían en usar sin más a un inocente y tratar de implicarlo falsamente.

E. Inda: ¿Cómo es Juan Carlos en un día normal?

Corinna: En un día normal creo que siempre lo recuerdo sumamente relajado y muy divertido fuera de los confines del protocolo palaciego. Un muy buen sentido del humor, muy deportista y muy llano.

M. Cerdán: Usted dijo en una ocasión que don Juan Carlos no sabía cuál era el límite de lo moral y lo amoral, o de lo legal y lo ilegal. ¿Eso lo puede explicar?

Corinna: Perdón, ¿puede repetir la pregunta? Despacio.

M. Cerdán: Si usted dijo en una ocasión que don Juan Carlos no sabía discernir, diferenciar lo que era legal o ilegal, o lo que era moral y amoral, o la fidelidad y la infidelidad, la lealtad, la no lealtad. O sea, ¡cómo es ese personaje! ¿No?

Corinna: Supongo que tenía un poder prácticamente ilimitado. Casi en el sentido de sus amistades de Oriente Medio... Encima, hombres de gris, los cortesanos en palacio, siempre le daban la razón en todo lo que dijera porque la gente tenía demasiado miedo de disgustarlo y de decirle lo que no podía hacer. Esto crea una situación en que una persona puede llegar a sentir que puede hacer prácticamente lo que quiera y cuando quiera.

M. Cerdán: ¿En esa relación veía usted a doña Sofía, que la ha mencionado hace un rato, como una rival o era al revés?

Corinna: No, no tenía motivo para verla como una rival. El rey me explicó desde el principio, porque le pregunté —no quería meterme en medio de una disputa familiar—lo que pensaría su esposa, cuál sería su postura si él entrara en una relación más seria. Y él me explicó claramente que Franco había arreglado aquel matrimonio inicialmente y que se habían distanciado después de que nacieran los hijos y que llevaban vidas separadas. Dijo que tenía un acuerdo con la reina para representar a la Corona, pero que llevaban vidas totalmente separadas.

E. Inda: ¿Desde cuándo?

Corinna: Más de treinta años. Mucho tiempo. También había salido de una relación de veinte años o así con Marta Gayá, o eso me dijo entonces. Así que me dijo que no sería problema. Por tanto, nunca la consideré en modo alguna una rival.

E. Inda: ¿Dónde vive Sofía? ¿La Zarzuela? ¿Londres?

Corinna: Lo que entendí es que pasaba períodos prolongados aquí, en Londres, en el Claridges con su familia, la ex familia real griega. Diría, respondiendo a su pregunta inicial, que soy víctima más que nada del afán de venganza de Sofía.

M. Cerdán: Y en esas conversaciones íntimas entre usted y don Juan Carlos, ¿llegó a hablar en algún momento de... yo no sé si coincidiría, yo creo que sí, del noviazgo de su hijo con una periodista con la que se quería casar o... ?

Corinna: Sí, por supuesto.

M. Cerdán: ¿Cómo lo veía eso él?

Corinna: Letizia salió bastante a colación y creo que es también bien sabido que él estuvo bastante en contra inicialmente. Y pienso que los primeros años debieron de ser dificilísimos para ella. Tuve ocasión de conocerla y me pareció sumamente educada, muy profesional, muy amable y pienso que es, de hecho, un gran valor para el rey Felipe y la monarquía española.

M. Cerdán: Le voy a preguntar por Villalonga. Digo era... No sé si es «era»... ¿Era amigo de usted? Y es el artífice de esas grabaciones de su domicilio de Londres. ¿Ha tenido algún contacto con él? ¿Le ha explicado cómo fue aquello? ¿O se ha quedado...?

Corinna: Esta es una pregunta interesante. No veo razón objetiva alguna para que Juan Villalonga quisiera hacerme daño. Su mujer es una de mis amigas más antiguas. La conocí siendo ella aún adolescente y la considero casi una hermana menor. Juan siempre me ha brindado su apoyo, así que quiero concederle el beneficio de la duda, que él no sabía —como Villalonga afirma— que lo habían escogido e infiltrado para tenderme una trampa. Si el CNI en efecto envió a Villarejo a grabarme o a recuperar esos documentos, quizá también a Villalonga lo engañaron. Lo que puedo decir seguro es que cuando salieron las grabaciones, Juan me llamó de inmediato y estaba también bastante angustiado con la situación. Me dijo que el CNI había contactado con él y que tenía una cita con un número dos del CNI. Creo que era en París. Y dijo que me llamaría después de esa reunión. Nunca me volvió a llamar. Nunca volví a oír de él. Así que imagino que quizá lo presionaron también, y estoy en situación de entender perfectamente qué se siente bajo esa presión.

M. Cerdán: ¿Usted escuchó esa cinta íntegramente?

Corinna: Sí, la escuché.

M. Cerdán: ¿Y en esa cinta no le sorprende ese amiguismo que hay entre Villarejo y él?

Corinna: Creo que a veces los hombres pueden ser bastante infantiles. No pienso que sea indicación necesaria de que Villalonga supiera exactamente lo que pasaba. No creo que hubiera dicho esas cosas de saber que lo estaban grabando. Así que estoy aún esperando a entender y solo juzgaré cuando tengamos los hechos. De corazón espero que sea un amigo y que no me haya traicionado.

E. Inda: ¿Intenta decir que el CNI tuvo que ver con la contratación de Villarejo?

Corinna: Villarejo afirma en sus declaraciones a los tribunales que, en efecto, lo envió el CNI. Aún no sabemos si eso es cierto o falso, o si actuó en interés propio. Todavía no lo han juzgado. Dados los escándalos actuales con el caso Kitchen, parece que hay tantas operaciones de espionaje ilegales en marcha en España que me resulta difícil entender quién espía a quién.

E. Inda: ¿Participó Juan Carlos en la amnistía fiscal de España de 2012?

Corinna: No tengo ni idea porque no estoy al tanto de la amnistía fiscal española. No soy española, nunca he vivido en España. Yo era residente de Mónaco, así que no tengo ni idea de si estaba sujeto a impuestos.

E. Inda: Pero ¿le dijo algo sobre ello?

Corinna: No, nada en absoluto. Lo último de lo que hablábamos era de impuestos. Teníamos montones de cosas más interesantes de que hablar.

E. Inda: ¿No le insinuó nada sobre ello?

Corinna: No, nada en absoluto. Gracias a Dios.

M. Cerdán: Una pregunta muy directa. ¿Contrató usted a Villarejo para espiar a su asistente española?

Corinna: Por supuesto que no. Nunca le pedí que la espiara, nunca le hice un contrato, nunca le pagué nada. Mi ayudante Noelia no es solo una ayudante. Es de la familia. Es la guardiana de mi hijo y la queremos. No hay base para tal cosa.

M. Cerdán: ¿Le preocupa esa investigación que se ha abierto en la Audiencia Nacional?

Corinna: Me parece que es obvio para mucha gente que hay una motivación política. Creo que hasta los fiscales coinciden en que es una forma muy rara de tratar de abrir un proceso. Creo que es conveniente para cierto interés político mantenerme bajo presión, que el punto de mira siga sobre mí, porque abrir mi propio proceso y socavar mi credibilidad para ellos tiene todo el sentido del mundo. Así que cualquier excusa vale, y espero que, como todo lo demás, esto resulte no ser cierto.

M. Cerdán: ¿Y se deben a usted los retrasos que se están produciendo en su declaración en Londres?

Corinna: Tiene que considerar que no he puesto pie en territorio español desde 2012. Tras el intento de incriminarme falsamente en el caso Nóos, dejé muy claro en mi entrevista a *¡Hola!* que no volvería a España, y nunca he vuelto a España. Siento que se me ha tratado como a un enemigo del Estado, injustamente y sin fundamento, así que el último lugar donde me van a obligar a prestar testimonio es en territorio español; en el Reino Unido, o sea en la embajada, prestaré testimonio y cooperaré plenamente, como siempre he hecho y siempre haré, en un lugar y emplazamiento en los que se respeten mis derechos legales.

E. Inda: ¿Qué piensa del rey Felipe? ¿Cree que tiene cuentas *offshore*? ¿Se ha beneficiado del dinero *offshore* de su padre?

Corinna: No puedo decir nada sobre si tiene cuentas *offshore*. Pienso que el rey Felipe efectuó un cambio bastante sustancial cuando subió al poder en 2015, en el sentido de que suscribió a la familia real y a la Casa Real a la Ley de Transparencia, y creo que ese es un gran paso, porque fue la primera vez que el rey ha estado dispuesto a someter a la familia al mismo escrutinio a la hora de recibir regalos o beneficios materiales. Así que diría que sin duda está tratando de pasar a una era más transparente en cuanto a finanzas. ¿Depende de él divorciarse de ello habiéndose beneficiado toda su vida del dinero de su padre? Eso es difícil, porque no puedes decir que no tienes nada que ver con ello si te has beneficiado de ello toda tu vida. Así que pienso que ahí reside el problema.

E. Inda: ¿Qué piensa del futuro de la monarquía en España? ¿Qué piensa? ¿Durará? ¿Cree que tendrá una larga vida? ¿O se volverá república?

Corinna: Repito, no soy española y yo... Está la esperanza de que, si logran hacer los cambios necesarios para ganar el apoyo del pueblo español, porque en última instancia es el pueblo español quien decide esto, podría ser una monarquía muy duradera. Si no se hacen las reformas necesarias, se vuelve una situación más inestable.

M. Cerdán: ¿Cree usted que es «un asunto de seguridad nacional», como lo calificó el general Sanz Roldán?

Corinna: ¿Mi caso?

M. Cerdán: Sí.

Corinna: En absoluto.

M. Cerdán: Según una declaración de él.

Corinna: Sí, esa es la gran fantasía. Porque mientras serví como chivo expiatorio para ese golpe de Estado interno que se estaba planeando, y como chivo expiatorio al que culpar de todo tipo de problemas, nunca estuve en posesión de ningún documento delicado ni de documentos reservados que yo sepa relativos a políticos españoles ni a intereses españoles. Si el general Sanz Roldán o el rey Juan Carlos me hubieran comunicado su inquietud acerca de posibles documentos y me hubieran pedido que los devolviera, lo habría hecho de inmediato. Así que ninguna de esas operaciones negras fueron en realidad necesarias. Pienso que Sanz Roldán se inventó esa leyenda acerca de que yo tenía toda esa información comprometedora para que se autorizara el presupuesto necesario para llevar a cabo esa campaña ilegal de abuso y acoso.

M. Cerdán: ¿Sigue usted... se siente todavía vigilada por los servicios secretos españoles?

Corinna: Sí, ¡ya lo creo! De hecho, la campaña se intensificó durante el confinamiento del covid y se dirigió a nosotros muy agresivamente en nuestra propiedad. Dispararon a las cámaras de seguridad, a las ventanas de la propiedad. Trataron de jaquear las cámaras de CTV. Nos tienen vigilados, tienen a mi equipo vigilado... No tenemos duda alguna de eso. ¿Quién dirige todo esto? Podrían ser ya varias las partes interesadas.

M. Cerdán: Y la última pregunta. ¿Teme usted por su vida?

Corinna: Si tuviera gente disparando a las ventanas de su casa y a sus cámaras de seguridad, seguro que también estaría bastante preocupado. Así que sí, la respuesta es sí. Pero por suerte vivimos en un país en el que se toman muy en serio infracciones así, así que tengo el consuelo de que esto no ocurrirá en el Reino Unido.

E. Inda: Muchas gracias, Corinna.

M. Cerdán: Muchas gracias.

Corinna: Gracias, un placer. Gracias por su tiempo.

DE REY
DE ESPAÑA
A PRÍNCIPE
DE BEL AIR

El *sí* es lo que vale

A veces presumo, tal vez demasiado, de valer más por lo que callo que por lo que cuento, como casi todos los que ejercemos esta profesión con responsabilidad. Pero conozco a un hombre que sí vale mucho más por lo que calla que por lo que puede contar. Me refiero al general Félix Sanz Roldán, jefe de los espías españoles como responsable del CNI durante diez años, uno de los puestos más delicados que un hombre puede desempeñar en el Estado y por quien siempre he sentido una gran simpatía.

Días después de su cese, en julio de 2019, me reuní con él durante más de tres horas. Observándolo, sentado frente a mí en el restaurante Yakitoro de mi amigo Alberto Chicote, me daba la impresión de estar junto a un árbol de corteza dura, savia abundante, paz y silencio.

Después de su cese puede que haya cumplido oficialmente su misión en espera de lo que, tras el bloqueo político, se decida. «Sea cual sea la decisión, la acataré y cumpliré», me reconoció este hombre enigmático.

¿Qué se le puede preguntar a un hombre cuya vida, como escribió la compañera Marisa Cruz, «está rodeada de prudencia, arrojo, frialdad, nervios de acero, disciplina y, sobre todo, saber callar»?

Pero no me resistí a preguntarle si pensaba escribir sus memorias. Posiblemente, entenderíamos muchas de las cosas que han pasado en estos últimos diez años, sobre todo, las referidas al rey Juan Carlos y a Corinna, que lo considera un Hannibal Lecter, responsable de sus males. No me vale que todo sea olvidado, ¡tantas cosas han pasado ante sus ojos! Sería triste que su memoria fuera magnífica para olvidar. «Debería escribirlas», me respondió. Como es fácil suponer, de lo que hablamos, sé lo que puedo contar y sobre todo callar, que es casi todo. Como decía Somerset Maugham, «cada hombre tiene secretos que él mismo no conoce».

Aunque sabía de antemano la respuesta, no me resistí a preguntarle si el CNI había recibido la orden de investigar el pasado de Letizia antes de anunciar el compromiso matrimonial, como se hace en todas las monarquías europeas. Estoy seguro de que, de haberlo hecho, no se habría celebrado el enlace real: no solo por su pasado apasionante y apasionado, sino por su embarazo y la implicación del príncipe Felipe en limpiar todo rastro de ese aborto en la Clínica Dator de Madrid. Hasta el propio don Felipe le reconoció a Letizia: «Si mis padres se enteraran, no habría boda».

Sanz Roldán no me desveló, ni yo lo pretendí, ninguno de los más importantes secretos de su carrera, pero me sorprendió que no supiera qué sucedió el 6 de febrero de 1981, acontecimiento protagonizado por el rey Juan Carlos y que, a mi juicio, tuvo mucho que ver con el 23-F.

Sería triste que sucediera como con las memorias del general Sabino Fernández Campo. ¿Dónde están, querida y admirada María Teresa, condesa viuda de Latores?

Con el general Armada... diez días antes del 23-F

Durante los días en que el cuerpo insepulto de la reina Federica permaneció en la Zarzuela, todas las tardes se oficiaban ceremonias religiosas ortodoxas a las que asistía el general Armada. La víspera del traslado del cadáver a Atenas, concretamente el día 12 de febrero, el rey pidió al jefe de su Casa que reservara toda la mañana del día 13 para entrevistarse con el general Armada. Sabino Fernández Campo, que debía de tener serias reservas sobre este, informó a don Juan Carlos de que era imposible. A causa de la muerte de la reina Federica, la actividad en la Zarzuela se había interrumpido, por lo que había una gran cantidad de audiencias aplazadas que había que recibir. «¡Anúlalas todas!», ordenó el rey con esa ira que por desgracia Sabino conocía bien.

Todo esto ocurría el 13 de febrero, ¡diez días, diez, antes del 23-F!

Los amigos peligrosos

Hace unos años publicaba en mi columna de *El Mundo* un artículo, «Los amigos peligrosos del rey Juan Carlos», que tenerlos los tenía. Alguno de ellos, como Miguel Arias Molino, propietario de los restaurantes Cuatro Estaciones de Madrid (que ya no existe) y Flanigan, el preferido de la familia real durante sus vacaciones en Marivent. La última vez que cenó la familia al completo fue un día después del ochenta cumpleaños de la infanta doña Pilar. Pues Miguel Arias se tomó tan mal mi artículo sobre los amigos peligrosos del rey que un día, cuando yo acudí a cenar a su restaurante madrileño, me amenazó con darme dos hostias, negando que tuviera amistad alguna con el soberano. Es más, suya es la frase: «Su majestad no tiene amigos. Su cargo no se lo permite».

Pero don Juan Carlos no solo frecuentaba el restaurante de la calle General Ibáñez Ibero de Madrid, donde había cuenta abierta para los compromisos de la Zarzuela, sino que el rey acudía incluso y de forma más privada al apartamento que Arias posee o poseía en el mismo edificio.

En cierta ocasión, su majestad estaba invitado a un almuerzo, ¿o era una cena?, junto a otros comensales en este apartamento cuando uno de estos —mi confidente— oyó voces «airadas» en la cocina, que creyó reconocer. Se asomó y se encontró a la señora de la casa, creo que suiza, «regañando a don Juan Carlos, quien, al intentar probar la comida que estaba preparando, la había derramado por el suelo. Y allí estaba su majestad limpiando el desaguisado con la fregona».

Se trata simplemente de una anécdota que demuestra la amistad del rey con el señor Arias, aunque este no presume nunca de ello, como otros muchos a los que considera sus amigos. Posiblemente, estos son los únicos con los que don Juan Carlos podía relajarse inocentemente de las tensiones de su vida. Aunque, como dice Miguel Arias, el rey no debería tener amigos. Y yo añado: se trata de una de las grandes servidumbres de la Corona. Por ello, los que presumen de serlo, ni son buenos amigos ni le hacen ningún favor al soberano. Posiblemente sean peores los que no presumen de esa amistad pero se valen de ella y obtienen sustanciosos beneficios. Porque la amistad, en determinados casos, no es la aristotélica alma en dos cuerpos, sino un arma de dos filos.

Don Juan Carlos es un ser humano que se siente solo y busca la complicidad de ciertos amigos para salir de esa soledad. En cierta ocasión, alguien muy inteligente me preguntó, a propósito de los «amigos del rey»: «¿Por qué el hombre no puede atravesar con la mirada todos los velos que ocultan los repliegues secretos del corazón humano, verlo tal como es, volver a cerrarlo y poder, después, elegir a sus amigos? Posiblemente así y solo así no se equivocaría nunca y evitaría ser criticado más por sus obras que por sus amigos».

Porque en la amistad, como en el amor, hay que saber elegir. Y, como en el amor, también nos equivocamos en la amistad. Independientemente de aquellos compañeros de Las Jarillas, Alonso Álvarez de Toledo, Carlos de Borbón Dos Sicilias, Jaime Carvajal y Urquijo, Alfredo Gómez Torres, Juan José Macaya, José Luis Leal Maldonado y el fallecido Fernando Falcó y Fernández de Córdoba, con los que mantiene una cierta relación, al igual que con algunos compañeros de armas en su paso por las academias militares, existe también un grupo de amigos que yo consideraba un tanto peligrosos, pero con los que el rey se lo pasaba muy bien.

Me van a permitir que clasifique a los amigos de don Juan Carlos en tres grupos:

1.º Los amigos íntimos, relativamente peligrosos.

2.º Los amigos deportistas, los más sanos.

3.º Los amigos ricos. Estos, salvo excepciones, los más peligrosos.

Una de estas amistades fue el «príncipe» Zourab Tchkotua. «No sé yo de dónde y por dónde, de qué y por qué le venía el principado», preguntaba mi tocayo Jaime Campmany. Era el más íntimo del rey y como otros muchos «amigos íntimos», eso no impidió que lo sentaran en el banquillo por estafa inmobiliaria junto a Oliver Mateu, otro de los «amigos del rey» que pasaron por la cárcel, como Mario Conde o Javier de la Rosa.

De la cólera real

Por desgracia he sido en más de una ocasión víctima de eso que Horacio denominaba «corta locura». Posiblemente porque, como doña Sofía reconoce, don Juan Carlos tiene «arranques de genio fuerte, terrible».

«Canta, ¡oh diosa!, la ira de Aquiles.» Dios me libre. Ni yo soy Homero ni don Juan Carlos es Aquiles, sino simplemente un hombre que, como todos, tiene sus defectos y sus virtudes. El que no los tuviera sería, precisamente, el mayor de los defectos. La cólera es una sombría pasión, pero de ello no se sigue que no pueda existir una cólera real.

En la primera ocasión en que asistí a uno de sus arranques, tanto José Oneto, director entonces de la revista *Tiempo*, como yo, redactor jefe también entonces de la revista *¡Hola!*, aplicamos la máxima de Safo, quien asegura que, frente a la cólera real o plebeya, nada es más conveniente que el silencio. En cambio, en la segunda ocasión acabé rebelándome con respeto, pero rebelándome.

En ambos casos, don Juan Carlos se dejó llevar, como cualquier ser humano, por ese desahogo que es la cólera no solo propia de hombres sino hasta de Dios. ¿No existe acaso la cólera divina? ¿No se apoderó de Cristo frente a los mercaderes que invadieron el templo?

Nos encontrábamos en la embajada de España en Yakarta, en el transcurso de un viaje oficial a Indonesia y de un periplo que incluía, también, Kuwait, Japón y Qatar, entre el 25 de octubre y el 4 de noviembre de 1980. Como solía ser habitual en estos viajes al extranjero, el último día de estancia en el país que se visitaba, los reyes ofrecían una recepción a la colonia española que, por lo general, se celebraba en los salones de la residencia del embajador.

En Yakarta, el salón tenía dos niveles de reducidas dimensiones, ya que la embajada, que es al mismo tiempo la residencia del representante diplomático, no era, precisamente, un palacete. Tampoco la colonia de esa lejana capital asiática necesitaba más espacio, ya que se limitaba a una docena de personas. El séquito que acompañaba a los reyes, entre los que yo figuraba, era mucho mayor. Además, ese día, 2 de noviembre, era el cumpleaños de doña Sofía. Todo el mundo la había felicitado y el grupo de los periodistas del séquito informativo le hicimos entrega de un pequeño regalo. El ambiente era relajado y feliz. Nadie se podía imaginar que, en un momento determinado, la ira real se desataría al sentirse ninguneado por el ministro de Asuntos Exteriores, José Pérez-Llorca, a quien se le ocurrió organizar, en un rincón del saloncito donde su majestad ofrecía su personal recepción, una rueda de prensa con los periodistas españoles, incluidas las televisiones que, con sus focos, iluminaban al grupo.

¡Ni Juanito ni hostias!

Pepe Oneto, el malogrado compañero fallecido recientemente, y este autor no participábamos en aquel inoportuno *briefing* dirigido a la prensa diaria, solo nos dedicábamos a observar desde un punto equidistante entre el rey y el ministro, protagonista de aquella situación tan poco diplomática que había creado el jefe de la diplomacia, advirtiendo el creciente cabreo que se iba apoderando de su majestad, mientras parecía hablar con los invitados. En realidad, no hacía otra cosa que dirigir miradas incendiarias al grupo del ministro y los periodistas. Oneto y yo temíamos lo peor en cualquier momento, pero nunca lo que ocurrió.

De repente, don Juan Carlos dejó a sus compatriotas con la palabra en la boca y dando grandes zancadas se dirigió hacia la salida del salón donde nos encontrábamos Oneto y yo, con la cólera reflejada en el rostro, y al pasar junto a nosotros nos gritó, lleno de ira: «¡¡¡Esto no se me puede hacer a mí!!! ¡¡¡Es la última vez que vais a viajar conmigo!!!».

No nos dio tiempo a explicarle que, como había visto, nosotros no estábamos participando en el desaguisado protocolario. Pero, sin detenerse, caminó hacia la puerta seguido de la pobre doña Sofía que le suplicaba «¡Juanito!, ¡Juanito!». «¡¡¡Ni Juanito ni hostias!!!», fue su respuesta antes de dar un portazo en la cara de la propia reina, abandonar la embajada y subir al coche para regresar a la residencia oficial en Yakarta, cabreado como una mona. No le importó estropear el cumpleaños de su esposa, que no entendía qué había pasado.[35]

¡No tienes ni puta idea!

La segunda vez que el rey se explayó a gusto, dejando caer todo el peso de su ira contra mí, fue en uno de los salones del propio Palacio Real, donde se celebraba la tradicional recepción a escritores y periodistas con motivo del Día de Cervantes. Me tocó ser la víctima. Había cometido el atrevimiento de criticar el protocolo que se aplicaría, según se había hecho público, durante el primer viaje oficial de los reyes de España a la Inglaterra de Isabel II, la reina más reina del mundo, viaje soñado y nunca realizado. La prima

35. Jaime Peñafiel, *¡Dios salve también al rey!*, Barcelona, Temas de Hoy, 1995.

Lilibeth —que es, además de pariente, muy cercana a don Juan Carlos— había recibido a todas las monarquías reinantes menos a la nuestra: Husein de Jordania en 1977; el rey de Arabia Saudita y Fabiola y Balduino, en octubre y noviembre de ese mismo año, respectivamente; el Sah y Farah Diba, en junio de 1978; Hasan de Marruecos, en junio de 1979; Carlos Gustavo y Silvia de Suecia en octubre de ese mismo año; Margarita de Dinamarca y Beatriz de Holanda, en marzo de 1980; los grandes duques de Luxemburgo en julio; los emperadores de Japón, los emires de Abu Dabi y Bahrein en diciembre de 1981; los reyes Sonia y Harald de Noruega en abril de 1982; en junio de 1982, el nuevo rey de Arabia Saudí, y, en diciembre de 1985, el sultán de Omán.

Las negociaciones para esta visita a Inglaterra no fueron fáciles. Hubo dificultades de todo tipo: políticas y protocolarias. Don Juan Carlos deseaba ser recibido oficialmente como tal, con todos los honores a los que como jefe del Estado tenía derecho y no como primo de Isabel II.

No hay recepciones más espectaculares que las que la soberana del Reino Unido dispensa a sus regios invitados con el siguiente protocolo: llegada al aeropuerto; traslado en tren —en el vagón real— hasta la estación Victoria de Londres, donde la soberana da la bienvenida oficial para, a continuación y en carroza descubierta —si el tiempo lo permite—, trasladarse al palacio de Buckingham. Así fue siempre, sigue y será... menos con la visita de los reyes de España, acaecida entre los días 22 y 25 de abril de 1986.

Cuando se hizo público el programa, comenzó la historia que culminaría con la cólera real sobre mi persona, simple y sencillamente porque consideré —sigo pensando igual y así lo recogí en su momento en mi columna— que el viaje no se atenía al protocolo real al uso: «La Casa Real británica o el Gobierno de su graciosa majestad habían decidido que fueran los príncipes de Gales, Carlos y Diana, y no la reina, quienes recibieran a los reyes de España, y no en Londres, sino en el pequeño aeropuerto de Windsor. Desde allí, los acompañarían hasta el castillo donde la reina Isabel los esperaría tranquilamente para darles la bienvenida oficial».

Me gustaría que el lector de este libro reconociera que se trataba de un agravio comparativo, ya que el protocolo mundial «exige que un rey o una reina en visita oficial, sea recibido por su homónimo; un jefe de gobierno, por su colega en el mismo cargo; un príncipe heredero por el heredero de la monarquía del país anfitrión; un ministro de Asuntos Exteriores por el canciller respectivo, y así hasta el último mono del escalafón real, gubernamental y administrativo».

Esto que acabo de reproducir de la columna de *El Mundo* y del libro *¡Dios salve al rey!,* molestó profundamente a su majestad. Tal vez porque yo ponía al descubierto que don Juan Carlos deseaba hacer la visita a costa de lo que fuere, aceptando incluso las condiciones humillantes impuestas por la corte británica.

¿Se imagina el lector a la reina Isabel II de Inglaterra siendo recibida en el aeropuerto de Madrid-Barajas por la infanta Elena en su primera visita oficial a España, mientras los reyes Juan Carlos y Sofía la esperan tranquilamente en la Zarzuela?

Mi admirado amigo el general Sabino, jefe de la Casa de Su Majestad, me hizo llegar el cabreo del rey por lo que yo estaba escribiendo. Y cometí el error de comentar el disgusto de don Juan Carlos en otra columna, insistiendo en los mismos humillantes errores protocolarios que se iban a aplicar en la visita.

El viaje se llevó a cabo con el programa y el protocolo impuesto por la Casa Real británica; el viaje, todo hay que decirlo, fue un éxito gracias a la manera de ser de don Juan Carlos, hasta el punto de que el embajador de España en el Reino Unido, José Joaquín Puig de la Bellacasa, recibió el nombramiento de secretario general de la Casa del Rey, un premio que al final no resultó ser tal ya que, como Sabino, fue víctima de la ira real, como relataremos más adelante.

Pero Juan Carlos, que está dotado de una memoria de elefante y no olvida fácilmente (la memoria es siempre castigo), me esperaba el día de la recepción cervantina en el Palacio Real, un mes después del viaje a Inglaterra. Sabino ya me había advertido de que mejor no fuera a la recepción a la que había sido invitado porque «el rey quiere cogerte».

A pesar de las precauciones que tomé por mantenerme oculto entre aquella multitud de invitados, lo cierto es que, cuando menos lo esperaba, sentí un fuerte golpe en el hombro derecho. Al volver la cabeza me encontré con don Juan Carlos, un rey lleno de ira contenida a la que dio rienda suelta gritándome: «No tienes ni puta idea de protocolo ni de lo que escribes. Te lo digo y repito. ¡Ni puta idea».

Balbuceé una explicación tratando de decirle lo que yo creía injusto. «Perdón, señor —insistí—. Pero el protocolo empleado no creo que fuera el que la visita exigía...»

Como está un poco sordo del oído derecho y yo hablaba en voz baja para no llamar la atención —bastante expectación estaba despertando ya—, creo que no me oyó o me oyó mal, porque alzando la voz y mirándome directamente a los ojos («El rostro es el espejo del alma y los ojos sus delatores», decía Cicerón), volvió a gritarme: «No me contradigas. Te vuelvo a decir que ni idea tienes de lo que escribes».

Ante quien está decidido a ser injusto, no hay defensa que valga. Me limité a mirarlo. Debió de molestarle la forma en la que lo miré, entre triste e indignado, pues amagó dándome un golpecito, una caricia que me dejó medio sordo varias horas.

Pero después de aquel viaje, la Zarzuela aprendió la lección, e impuso el mismo protocolo británico para las visitas de Estado. Los reyes no volvieron al aeropuerto de Barajas para recibir, como hacían hasta entonces, a sus invitados oficiales. Se copió el modelo británico que tanto había disgustado. Y miren ustedes, queridos lectores, donde las dan las toman, porque cuando su graciosa majestad británica llegó, el 16 de octubre de 1988, a Madrid en visita oficial, en el aeropuerto de Barajas no la recibieron los reyes, sino la infanta Elena, que acompañó a la reina y a su esposo, el príncipe Felipe de Edimburgo, hasta el palacio

de El Pardo, donde los reyes don Juan Carlos y doña
Sofía los esperaban para darles la bienvenida con ban-
da, música y desfile. «¡Que el sol se ponga sobre nuestra cólera!», dijo san Pablo.

... a la ira doméstica

La convivencia aporta mucha vulgaridad en la vida
de un hombre y una mujer, en la vida de un matrimonio. Cuanto más grande e importante es un hombre,
más vulgaridad hay en ciertos momentos de esa convivencia, sobre todo cuando se desata la ira que yo
llamo doméstica.

Cierto es que lo peor se produce siempre en un
solo minuto y no en cuarenta años de convivencia,
durante los cuales o en muchos, la cólera y la ira del
rey se manifiestan en todo su esplendor. Y no porque
don Juan Carlos sea un hombre irritable, iracundo o
colérico —aunque según doña Sofía lo es—, sino que
a veces son las tensiones del cargo, los problemas, el
desamor, la injusticia o la incapacidad para superar
determinadas circunstancias las que desatan esa ira y
esa cólera. ¿Sobre quién? Pues siempre sobre quien
más amamos o sobre quien tenemos más cerca, que

Cariñoso gesto de don Juan Carlos con el autor de este libro.

suele convertirse en injusta víctima de esa «corta locura» horaciana, a la que ya nos hemos referido antes.

La tormenta en cuestión se desató en la intimidad doméstica del palacio de la Zarzuela, un día de enero de 1976, cuando don Juan Carlos comentaba indignado al marqués de Mondéjar y al general Armada en presencia de la reina doña Sofía las maniobras que, a sus espaldas, realizaba el presidente Carlos Arias Navarro. Algo parecido a las putadas que le hacen el presidente Pedro Sánchez y su socio Pablo Iglesias a Felipe VI, quien soporta con paciencia franciscana.

Parece ser que el monarca en un momento dado aseguró: «¡No puedo más! Me voy a volver loco. Es un desastre. ¡Tengo que cesarlo!».

La indignación del rey subió de tono y empezó a utilizar palabras muy fuertes. Doña Sofía —que se caracterizaba entonces por un gran sentido de la moderación— intervino en el momento más inoportuno y con los razonamientos menos adecuados. Al oírla, don Juan Carlos se revolvió contra ella con tal violencia que solo le faltó pegarla. Ella se levantó y abandonó el despacho llorando para refugiarse en sus habitaciones, como hacía su antecesora, la reina Victoria Eugenia, cuando se sentía agredida por su esposo, el rey Alfonso XIII.

No sé si por consejo de Mondéjar o de Armada —los dos gozaban de la confianza suficiente para hacerlo— o porque después de la tormenta viene la calma, lo cierto es que don Juan Carlos subió para pedirle perdón a su mujer y la encontró sumida en un mar de lágrimas, lágrimas fruto de un orgullo herido que sustituían a unas palabras que no conseguía pronunciar. Y es que a veces las lágrimas pesan más que las palabras.

Pero lágrimas de verdad, una gran cosecha, estaba todavía por llegar, incluso mucho antes del *annus horribilis*, como en aquella ocasión, durante unas vacaciones en Palma, cuando don Juan Carlos volvió a hacer llorar a la reina a causa de una pelea familiar.

Aquella noche la discusión se originó en la cena. El tema: la educación del príncipe Felipe, sobre la que los padres tenían diferentes puntos de vista. Los condes de Barcelona, presentes en la cena, no lograban poner de acuerdo al matrimonio, ni tan siquiera acabar con la discusión, hasta que, en un momento álgido, el rey le gritó a la reina amenazándola: «Eres una mentirosa. Una vulgar embustera».

Siendo doña Sofía griega, don Juan Carlos podía haber sido más suave al utilizar un término tan elocuente de Demóstenes cuando dijo aquello de «No es posible, atenienses, no es posible constituir con la mentira una relación que dure». Pero no. La ira de don Juan Carlos no le permitía florituras literarias ni pensar que cuando hay invitados en casa, aunque sean los padres, se suele mentir por amabilidad, incluso sacrificándose. Sin embargo, el rey no lo entendió así o no quiso entender lo que la reina decía y por qué lo decía.

Lo cierto es que doña Sofía, porque le dolió profundamente que su marido fuera tan injusto y porque se sintió humillada delante de sus suegros, abandonó el comedor llorando y buscó un testigo, al que obligó a entrar con ella y confirmar lo que había contado, demostrando así que tenía razón, pero, sobre todo, que no había mentido.

Lógicamente don Juan Carlos no le perdonó a aquella persona su testimonio ni a Sofía que recurriera a tal bajeza, desautorizando nada menos que al... rey.

Cada jefe de su Casa ha tenido su afán

A lo largo de los treinta y ocho años de su reinado, don Juan Carlos ha tenido cinco jefes de su Casa. Cada uno de ellos ha debido de enfrentarse a delicados y trascendentales problemas que, por sí solos, merecerían un libro. Cierto es que ninguno de ellos ha escrito sus memorias, posiblemente porque, como decía el general Sabino Fernández Campo, «lo que interesa no se puede publicar y lo que se puede, carece de interés». Aunque me consta que Sabino tenía redactadas sus memorias. Yo mismo las vi en una serie de carpetas, aunque su viuda María Teresa lo niega, seguramente para protegerse y, sobre todo, para proteger a la familia real.

Sabino Fernández Campo es el depositario de los secretos más convulsos del reinado de Juan Carlos, pero, sobre todo, de lo que ocurrió el 23-F. Siempre he dicho que solo hay tres personas que conocen todos los entresijos de aquel golpe de Estado: el general Alfonso Armada, el general Sabino Fernández Campo y el rey. Los dos primeros están muertos; el tercero es el rey emérito Juan Carlos y él nunca hablará. Tampoco permitió que Armada lo hiciera cuando pidió permiso a la Zarzuela para desvelar, en el transcurso del juicio a los golpistas, el contenido de la entrevista que mantuvo con el rey, el 13 de febrero de 1981, en su despacho, y a la que nos hemos referido en el capítulo sobre la muerte de la reina Federica, el 6 de febrero de ese mismo año.

Los altos mandos militares implicados en el golpe y procesados nunca perdonaron a Armada que

El general Sabino Fernández Campo, jefe de la Casa del Rey y el hombre más leal que ha tenido don Juan Carlos.

no hablara en el juicio de esa reunión, que es muy probable que hubiera dado un vuelco al proceso. Por ello, lo hicieron objeto de un cruel vacío, hasta el punto de impedirle, incluso, que figurara en la fotografía de todos ellos cuando terminó el proceso. Con este silencio, Armada no solo permitió que se condenara a varios años de prisión a sus compañeros, sino a él mismo. Su lealtad al rey le costó... treinta años de cárcel.

Nicolás Cotoner y Cotoner, marqués de Mondéjar, primer jefe de la Casa del Rey, a quien Juan Carlos consideraba como un segundo padre.

Ni tan siquiera rompió el silencio en su libro *Al servicio de la Corona*,[36] en el que escribe: «Me gustaría expresar con claridad y precisión lo que sé sobre el 23-F y cómo lo sé. Estoy seguro de que quienes lean esto se sentirán defraudados pues esperan, seguramente, "revelaciones sensacionales", pero... no

36. Alfonso Armada, *Al servicio de la Corona*, Barcelona, Espejo de España, 1983.

puedo hacerlo». ¿Se lo agradeció don Juan Carlos? Por supuesto que no. Tampoco los servicios prestados ni los silencios de los cinco jefes de su casa. Cada uno de ellos ha tenido su afán. Unos más que otros.

El primero fue Nicolás Cotoner y Cotoner, marqués de Mondéjar, que ocupó el cargo de 1975 a 1990. Aunque vivió los complicados momentos de la Transición y, sobre todo, el fracasado y ya comentado golpe de Estado de 1981 —don Juan Carlos lo calificaba como «padre adoptivo»—, no estuvo jamás bien visto en Estoril, posiblemente por su admiración a Franco. Fue quien le llevó al conde de Barcelona la carta de su hijo, donde le daba cuenta de los motivos por los que había aceptado «traicionarlo» y ser designado sucesor.

En cambio, doña Sofía no experimentaba los mismos sentimientos hacia el marqués de Mondéjar. Así lo demostró durante una visita de los entonces príncipes a la República Federal de Alemania, durante la que Nicolás sufrió una lipotimia bastante grave. María, su mujer, pensó que sería mejor regresar a España para cuidarlo. Doña Sofía se opuso con energía: «¡Si Nicolás se va, es una persona acabada! ¡No puede ser! Que se cuide dos días y luego siga el viaje con los demás». No fue la primera vez que el marqués sufrió una indisposición. Le volvió a ocurrir durante la visita oficial a Arabia Saudí cuando, terminada la ceremonia de la recepción, se desplomó en brazos de la señora que tenía más cerca. Dio otro susto tremendo. El doctor Salgado, el gran médico que acompañaba siempre a los reyes en sus viajes, enseguida lo puso en forma.

Al marqués de Mondéjar lo sustituyó el general Sabino Fernández Campo, que ocupó el cargo entre 1990 y 1993. Sabino conocía bien el tema, pues llevaba ejerciendo de secretario general de la Casa desde hacía diecisiete años. Aunque el 23-F Mondéjar era, como ya hemos visto, jefe de la Casa, la actuación de Fernández Campo esa noche fue más que decisiva en el fracaso del golpe, hasta el extremo de decirle al rey: «Si el golpe triunfa, mis compañeros me fusilarán al amanecer». También tuvo que lidiar con el tema de la «gaya dama», con el vídeo de la periodista británica Selina Scott, que frivolizó la imagen del rey y por primera vez trascendió a la opinión pública que el rey y Sabino «habían discrepado porque no le gustaba [el documental]. En el extranjero y en España se pudieron ver unas imágenes inéditas del rey y de su familia contestando en un fluido inglés a una audaz entrevistadora, desinhibida de cualquier protocolo, hasta llegar a bromear con el monarca, que terminó arrojándola al agua desde su yate».[37]

Tampoco le gustó a Fernández Campo el libro de José Luis de Vilallonga, del que ya hemos hablado. Se trataba de una reproducción textual de 70 horas de conversaciones con el rey, que el jefe de la Casa consideraba contraproducentes para la Corona, y así se lo hizo saber a don Juan Carlos. Al leerlo, Sabino se alarmó: «Le parecía contraproducente que el rey apareciera hablando de los entresijos y de los personajes del 23-F. [...] Entre el original que entregó Vilallonga en palacio y la edición que salió a la calle existen importantes diferencias. Se hicieron muchas correcciones. Estaba Sabino en plena tarea de corrección del texto cuando fue destituido».[38] Pero esa es una historia que contaremos más adelante.

Fernando Almansa fue el primer diplomático en ocupar este cargo, lo hizo de 1993 a 2002. Fue un período largo, con un trabajo intenso y con muchos problemas, algunos de índole privada, como el noviazgo de Felipe y Eva Sannum. Él fue quien tuvo que

37. Manuel Soriano, *op. cit.*
38. *Ibid.*

pedirle al príncipe, por orden del rey, que rompiera con la modelo noruega. Aunque Fernando es gran amigo mío, nunca le he preguntado, porque no me lo iba a contar, cuánto pagó la Casa Real por echar a Eva Sannum de la vida del heredero, quien aceptó, pero pidió la cabeza de Almansa, que el rey le entregó.

También tuvo que enfrentarse por orden del rey a la infanta Cristina e Iñaki Urdangarín, para exigirles, cuando se encontraban de vacaciones en Colorado, que se divorciaran. No llegaron a las manos porque Fernando, independientemente de ser un magnífico diplomático, es un caballero.

A Almansa le siguió otro diplomático, esta vez fue Alberto Aza, que lo sustituyó del año 2002 al 2011. Fue una etapa crucial, pues es cuando estalla el caso Nóos. Además, Aza tuvo que reconducir, mediáticamente hablando, la polémica boda de Felipe con una periodista divorciada y de apasionado pasado.

Rafael Spottorno es el tercer diplomático, el hombre que, según Fernando Ónega, «no disfrutó ni de un solo día tranquilo» de los que estuvo en el cargo (2011-2014), pues tuvo que lidiar con el episodio de Botsuana y lo de Corinna, impidiéndole la entrada en España o echándola del país. Como nota más que negativa fue el hacerle decir a don Juan Carlos, cuando abandonaba la clínica tras la operación de rotura de la cadera por la caída en la cacería de elefantes: «Lo siento mucho... Me he equivocado y no volverá a ocurrir». Fue una bajeza y mezquindad obligar al rey a humillarse estando, como estaba, en una situación crítica, física y moralmente hablando.

Jaime Alfonsín es, desde 2014, jefe de la Casa de Felipe VI. Ha vivido dos episodios de los más delicados, como son la retirada del ducado a la infanta Cristina, el 12 de junio de 2015, y resolver la crítica y complicada situación del rey Juan Carlos. Ante la cobardía de Felipe VI, que no tuvo el valor de echar a su padre del hogar, y la poca dignidad de no concederle la presunción de inocencia, condenándolo antes de que los jueces se pronunciaran, el soberano utilizó a Alfonsín para decirle a don Juan Carlos ¡y en su presencia!: «De orden de la vicepresidenta, tenéis que abandonar la Zarzuela». ¡Vaya trago! ¿No podía haberlo hecho Felipe y en la intimidad? ¡Menuda cobardía!

Sabino y José Joaquín, víctimas del rey

Es verdaderamente inquietante comprobar hasta qué punto los grandes hombres de la patria han sido, en innumerables ocasiones, unos verdaderos miserables capaces de cometer actos de una villanía imperdonable, según Rosa Montero. El rey Juan Carlos no se comportó como debía con dos grandes hombres que le sirvieron con lealtad y hasta con cariño: el general Sabino Fernández Campo, que fue jefe de su Casa, y el diplomático José Joaquín Puig de la Bellacasa, ambos grandes amigos míos. Voy a intentar que ese sentimiento no me impida la objetividad en el relato.

La salida de Sabino del cargo y de la Zarzuela, después de años de inquebrantables servicios, no fue la que se merecía. Defendió la independencia del rey por encima de todo y evitó siempre que chirriaran los engranajes constitucionales que unen la Corona con el Gobierno. Utilizó la mayor de las firmezas cuando algún personaje importante en aquel momento, como Mario Conde, entre otros, quiso arrogarse tareas de representación que no le correspondían.

El malogrado periodista Ismael Fuente, que encontró la muerte en un absurdo accidente náutico en la República Dominicana, decía de él: «Ningún otro mortal por importante que haya sido su destino u ocupación política podrá equipararse, en cuanto al manejo del campo de las sutilezas diplomáticas, a Sabino, apoyadas en un olfato político nada común sustentado en los pilares, también poco corrientes, de la prudencia, el talento, la eficacia y la lealtad». Sobre todo la lealtad, digo yo.

Confieso que Sabino me honró con su amistad durante muchos años, amistad que se inició por mis obligados contactos profesionales con la Casa de su majestad. Primero, en mi etapa como redactor jefe de *¡Hola!*; más tarde, como director de *La Revista* del Grupo Zeta y director adjunto de *El Independiente*. Siempre encontré su colaboración: nunca dejó ninguna pregunta sin respuesta ni echó ningún balón fuera del terreno de juego. Jamás me engañó ni me dio más de lo que podía darme.

Se ha dicho con mala fe que Sabino gustaba de comprar silencios a cambio de información. Y es verdad. Pero dicho así, sin más explicación, supone una calumnia, esa enfermedad de los demás que se declara en nuestro cuerpo. Quienes la practican deben saber, con Diderot, que esta desaparece cuando muere el hombre oscuro, pero se mantiene firme junto a la tumba del hombre genial, y aun al cabo de los siglos se la ve ocupada en remover sus cenizas con un puñal.

Lo que Sabino hacía —doy fe de ello— cuando a él se acudía con la pretensión de confirmar algunas noticias, a veces muy delicadas, era pedir silencio, rogar que la información no se publicara. Recuerdo que, en ocasiones, para que me quedara tranquilo, me ofrecía espejitos, abalorios y chucherías de «Todo a cien», de cuyo escaso valor me daba cuenta a la hora de ponerme a escribir. Y lo peor es que se aprovechaba para hacerse con cierta información, la que uno le daba y que él, sorprendentemente, no conocía, aunque casi siempre estaba enterado de todo.

A propósito de Olghina de Robilant —a quien dedicamos amplia información con referencia a las cartas de amor del rey que me vendió—, más tarde supe, por la revista italiana *Oggi*, que había publicado la fotocopia de un cheque por algunos dólares que, según ella, el rey Juan Carlos le había enviado. Contacté con Sabino para informarlo y comentar la noticia, de la que él aún no tenía conocimiento. Es más, no creyó que fuera cierta y prometió llamarme cuando supiera algo acerca del asunto. Y me llamó. Siempre lo hacía. El rey le había confirmado el envío de esa pequeña cantidad que Olghina posiblemente le había pedido. Y lo había hecho porque le daba pena. La muy miserable de la exnovia, seguramente vendió la información, incluida la fotocopia del cheque real, a la publicación italiana.

Lo que recuerdo es que, ya por entonces, Sabino estaba cansado de hacer de «bombero», intentando apagar con todas las artes posibles un fuego aquí, otro allí, un fuego hoy, otro mayor mañana. Y eso que aún no habían llegado los *anni horribili*.

En cierta ocasión me llegó la noticia de los amoríos de un primo del rey con una princesa francesa, casada con un gran duque alemán. El matrimonio residía durante los veranos en Palma de Mallorca, en una lujosa villa cercana a Marivent, que luego ocupó la princesa infiel con su amante. Logré entrevistar a la adúltera dama, amiga mía por más señas. La reina Sofía lo supo y encargó a Sabino que impidiera su publicación en *¡Hola!*, de la que yo era redactor jefe. Valiéndose de la amistad que nos unía, Sabino me pidió incluso que viajara a Palma de Mallorca para entrevistarnos en Marivent, donde aquellos días se encontraba la familia real al completo, ya que era el mes de agosto de 1962.

Como fruto de aquella intervención *in situ*, Sabino me escribió el 20 de agosto una carta (que reproducimos) redactada en los siguientes términos:

Querido Jaime: acabo de leer el último número de *¡Hola!* y me apresuro a darte las gracias por los afortunados retoques que has introducido en el reportaje sobre la princesa Diana de Francia y Alfonso de Borbón y Pérez del Pulgar. Aquí todos me encargan que te transmita el general reconocimiento. Por mi parte, excuso decirte lo reconocido que estoy a todas tus atenciones y a que tuvieras la amabilidad de venir el otro día hasta Marivent a hablar del tema que tanto y tan bien se ha corregido.

Pocos días después de la toma de posesión de Fernando Almansa como nuevo jefe de la Casa en sucesión de Sabino, el 11 de enero de 1993, este me invitó a tomar un café en su despacho de la Zarzuela. Como somos paisanos y muy amigos —ambos nacimos en Granada—, me permití la licencia, y le pedí perdón si me excedía, de darle un consejo, recordando a mi amigo Sabino Fernández Campo, por su propio bien: «No dejes nunca que el rey te haga confidencias de tipo personal. A la larga, cuando no a la corta, te sentirás incómodo, y su majestad prisionero de sus confidencias».

Porque, en lo más hondo de nuestra alma, palpita, cuando estamos angustiados, tristes, preocupados, decepcionados, un ardiente deseo de abandonarnos libremente por confianza a nuestros amigos, a nuestros consejeros. Pero descubrir o confesar los defectos y las debilidades al subordinado es ingenuidad que, muchas veces, ambos pagamos.

Es lo que le ocurrió al general Sabino. No solo la prolongada e intensa convivencia deterioró sus relaciones con el rey, sino que tantas confidencias, ser testigo de tantas y tantas flaquezas humanas —los reyes también las tienen— se volvió contra los dos: contra el rey, porque se sintió prisionero de Sabino; contra Sabino, porque, como me ocurre a mí, el conocimiento de las debilidades de don Juan Carlos lo fueron alejando del rey aunque lo aproximaran al hombre, el hombre que ya no quería tenerlo como colaborador ni como amigo.

Comprender. Siempre comprender. «Ya no quiero comprender más», dijo un día Fernández Campo, porque quien se pasa la vida comprendiendo y perdonando, ¿dónde encontrará un móvil para la acción?

A lo largo de los años que Sabino desempeñó su cargo, tuvo oportunidad de conocer todas las debilidades que, como hombre, tenía don Juan Carlos. Este conocimiento llegó a crear una incómoda dependencia entre ambos, más incómoda para el soberano, que se sentía desnudo frente a Sabino y, sobre todo, su prisionero. De todas formas, el general Sabino respetó hasta el último día al hombre; si no al que era, al menos al que tenía la obligación de ser.

¿Cómo podía el rey desprenderse del hombre que se atrevió a decirle, el 3 de enero de 1983, el día que volvía de esquiar en la elegante estación alpina de Gstaad, en un avión medicalizado con una grave fractura en la pelvis: «Un rey, señor, solo puede volver de esta manera de una guerra»?

A los cincuenta y cinco años, que cumplía en enero de 1993, don Juan Carlos quería verse libre por primera vez de la tutela de un hombre como Sabino, que, cada día, le recordaba lo que debía o no debía hacer, «aunque su majestad es libre de hacer lo que quiera», tanto en la vida pública como en la vida privada. Sabino sostenía que, por desgracia, los reyes no tienen vida privada.

Aunque para prescindir de él don Juan Carlos utilizó malas artes impropias de un rey. Las mismas que para echar a José Joaquín Puig de la Bellacasa, el joven y brillante diplomático que, tras el viaje de los reyes al Reino Unido, del que ya hemos escrito, fue incorporado como secretario general de la Casa, aunque no permaneció ni siquiera un año. Profundamente religioso y devoto de la monarquía, se pensaba que sería un buen sucesor de Sabino cuando este se jubilara. Pero a Puig de la Bellacasa no le gustaba el comportamiento del rey con doña Sofía. Su insistencia en imponer mayor discreción a Juan Carlos produjo violentos choques entre ambos. El rey no admitía recomendaciones en relación a su vida privada. José Joaquín comprobó que las vacaciones en Marivent tenían todo menos convivencia familiar y que don Juan Carlos estaba envuelto en un círculo de amistades poco recomendables.

La salida del ilustre diplomático fue traumática para él, como años más tarde la del general. En ambas, don Juan Carlos no estuvo a la altura de las circunstancias. Si Sabino no se mereció jamás salir como salió, tampoco José Joaquín, quien se sorprendió de que el rey prescindiera tan pronto de él, habiéndolo obligado a renunciar a su puesto de embajador, un magnífico embajador de España ante la reina de Inglaterra. Con lo de Puig de la Bellacasa, el rey le echó la culpa a Sabino, «que me ha pedido que te despida porque en la Casa creas demasiados problemas. Te pido que, por el cariño que me tienes, aceptes. De Sabino no puedo prescindir, aunque mucho me gustaría porque es un hombre muy peligroso...».

José Joaquín se sintió traicionado, no tanto por el rey sino por Sabino, a quien consideraba su amigo hasta el extremo de que él fue quien le aconsejó que renunciara a la embajada en Londres y le pidiera a don Juan Carlos que lo fichara para que, en un futuro no muy lejano, lo sustituyera como jefe de la Casa.

Según relata Manuel Soriano en *La sombra del rey*,[39] el 29 de diciembre de 1992, con motivo de las fiestas navideñas y como venía siendo costumbre, los reyes don Juan Carlos y doña Sofía se reunieron en un almuerzo con Sabino en el restaurante Horcher, «el más emblemático en centros de poder y decisión».

Mientras apuraban un strogonoff a la mostaza de pommery, uno de los platos estrella, junto al ragú de ciervo y el carpaccio de venado, y antes de acometer el baumkuchen o pastel de árbol, los postres preferidos de la reina, don Juan Carlos se dirigió a ella diciéndole: «¡Sofi! ¿Sabes que Sabino se nos va?».

Doña Sofía, creyendo que se trataba de una más de las bromas de su marido, respondió: «¡Bueno, algún día se tiene que ir!». Pero el rey quiso dejárselo muy claro: «¡No, no! Es que se va ¡ya!». La reina,

---

39. *Ibid.*

desagradablemente sorprendida y sin dar crédito a lo que el rey había dicho, le preguntó a Sabino con voz temblorosa: «¿Es verdad que se va...?». «Si el rey lo dice...» Y las lágrimas brotaron de sus bellísimos ojos color uva.

Cuando regresaron a la Zarzuela, después de la desagradable comida, don Juan Carlos le aclaró: «¡Se va por tu culpa!», y le permitió escuchar una grabación —manipulada por el responsable de las transmisiones y comunicación de la Casa, el coronel José Sintes—, donde se oían presuntamente las conversaciones que el general mantenía con su jefe de prensa, Fernando Gutiérrez.

El comentario de Sabino a Fernando Gutiérrez figuraba en la grabación utilizada por el rey para justificar su despido. Se debía a sus quejas por el tiempo que la reina pasaba en el despacho de Sabino, donde le confesaba sus problemas con el rey, mientras muchas personas esperaban ser recibidas. «¿Qué quieres que haga? ¿Que la eche?», le respondía a su colaborador.

Sabino se dolió hasta la hora de la muerte de no haber podido explicar a doña Sofía la verdad de aquellas palabras que, oídas así, sonaban a traición. Fue un golpe bajo de don Juan Carlos al jefe de su Casa.

Cierto es que Sabino era el paño de lágrimas de la reina, que se refugiaba en su despacho para desahogarse y llorar por el trato que le dispensaba su marido, hasta el punto de que personas allegadas a la Zarzuela pensaban que la reina estaba enamorada de Sabino.

Durante una cena a cuatro con Sabino y su esposa María Teresa, oí a mi mujer, mientras yo charlaba con Sabino, preguntarle a María Teresa, casi susurrando: «¿Te importa que le pregunte a Sabino si la reina estuvo alguna vez enamorada de él?». A lo que ella contestó: «Pregúntaselo, pregúntaselo». Yo pensé que Carmen no iba a ser tan imprudente, tan insolente. Pero mi sorpresa fue cuando le oí, con terror, preguntar: «Sabino, ¿tú crees que la reina estuvo enamorada de ti?». ¡Tierra, trágame! Pero esperando que le respondería como mínimo con la misma insolencia, me quedé de piedra cuando, después de varios segundos, casi un minuto de incómodo silencio, Sabino, mirando a Carmen, no sé si con tristeza pero sé que con el pensamiento posiblemente muy lejos de allí y desde luego esbozando una sonrisa, contestó: «¡Qué cosas preguntas! ¡Qué cosas tienes!». Y no hubo más, aunque el recuerdo de doña Sofía quedó durante el resto de la cena flotando en la mesa.

Después de que pasara la Navidad, una de las más tristes de su vida, llegó para Sabino el día de la despedida. Pero lo hizo con grandeza, en un pleno de todo el personal de la Zarzuela con la familia real al frente para decir, dirigiéndose al rey: «Perdonadme por lo que no dije debiendo decirlo; por lo que os dije y no debiera y hasta por lo que os dijeron que dije interpretando torcida y maliciosamente».[40]

Eran palabras que brotaban desde lo más profundo de un corazón herido, incapaz de contener el reproche por lo que había ocurrido en los últimos días... Aplausos, abrazos, entre la frialdad del protocolo y la emoción contenida. Sabino fue dando la mano uno a uno, a todos los miembros de la Casa allí presentes. Solo hubo una excepción que no pasó desapercibida. Al llegar al coronel de ingenieros José Sintes, responsable de las transmisiones y comunicaciones de la Zarzuela, Sabino eludió saludarlo. Recordó en aquellos momentos que, inexplicablemente, delicadas conversaciones telefónicas suyas habían trascendido.

Desde el mismísimo día en que el rey despidió a José Joaquín Puig de la Bellacasa porque, según le

40. *Ibid.*

dijo, «Sabino se lo había pedido», las llamadas anónimas al general insultándolo por haber «traicionado a su amigo» y la negativa de José Joaquín a saludarlo cuando coincidían, amargaron la vida de los dos, grandes amigos míos. Era una situación que no se podía tolerar. Por ello, decidí reunirles en un almuerzo, en el restaurante Club 31, para aclarar la situación; allí quedaron de manifiesto las miserias del rey.

Fue la comida más dramática que yo he tenido en toda mi vida. Lo que allí se dijeron quedará siempre en mi memoria como un tesoro que nunca desvelaré. No solo quedó todo aclarado, sino que, al final y después de varias horas, se dieron un emocionado abrazo y también decidieron vengarse de quien tanto daño les había hecho de una forma sibilinamente inteligente. Como era el mes de octubre, vísperas de la recepción en el Palacio Real con motivo de la Fiesta Nacional, decidieron acudir juntos. Cuando el rey los vio en el besamanos, se sorprendió y se violentó, mucho más cuando Sabino, con la famosa retranca asturiana, le explicó: «Aquí estamos, señor, aclarándolo todo».

Siempre me alegraré de haber colaborado para que se aclarara tan injusta situación por culpa... del rey.

El rey Juan Carlos como la reina Federica

El día 22 de noviembre de 1975, don Juan Carlos fue proclamado rey de todos los españoles en el entonces Palacio de las Cortes, hoy Congreso de los Diputados. Aquel día histórico tuve la suerte de convivir de 7 a 9 de la noche con don Juan Carlos y doña Sofía, a solas los tres, en el despacho del nuevo rey en la Zarzuela.

Entre los recuerdos de aquel trascendental día conservo el de las lágrimas de la reina. No de alegría,

Un momento de la solemne proclamación de don Juan Carlos como rey de todos los españoles en el hemiciclo del Congreso de los Diputados. La ausencia de la reina Federica, a la que se le prohibió asistir, entristeció mucho a la reina Sofía.

sino de profunda tristeza y humillación por la ausencia de su madre, la reina Federica, en la proclamación de su hija como reina consorte. Porque entre los invitados que abarrotaban los palcos de las Cortes se encontraban el príncipe Rainiero de Mónaco; el rey Husein de Jordania; el general Pinochet, presidente de Chile; los hijos del general Franco —marqueses de Villaverde—, su nieta María del Carmen y su marido, Alfonso de Borbón; los exreyes de Grecia, Constantino y Ana María, y la princesa Irene —hermanos de doña Sofía—; las infantas Pilar y Margarita —hermanas de don Juan Carlos—; su tía, la infanta doña Alicia, sus primos, los condes de Zamoyski..., pero no quien ella más quería en el mundo, la persona hacia la que corrió hasta la lejanísima Madrás, allá, en la India, buscando consuelo cuando descubrió la primera gran infidelidad de su marido. Esta persona no estaba aquel día tan importante en su vida porque alguien no quiso, alguien entonces con mucho poder no solo prohibió que ocupara un lugar en los palcos de las Cortes sino que, incluso, prohibió que estuviera en Madrid.

Cuando le pregunté a doña Sofía quién había sido el responsable, me respondió: el presidente Carlos Arias Navarro. Quien tanto odiaba a don Juan Carlos, no solo le infligió una humillación gratuita a doña Sofía, sino también un profundo dolor, que tuve ocasión de advertir aquella importantísima noche.

De todo esto me acordé el 28 de junio de 2017, cuando Felipe VI, como Arias Navarro con la reina Federica, prohibió que su padre estuviera presente en la solemne ceremonia de conmemoración del 40.º aniversario de aquellas elecciones generales del 15 de junio, que iniciaron el camino hacia la democracia que don Juan Carlos, rey de España entonces, trajo y a quien tanto se le debe.

Mi compañera y amiga Emilia Landaluce preguntaba a Felipe, a propósito de esta ausencia: «¿No cree, su majestad, que no invitar a su padre a la conmemoración de la democracia es como no invitar a Napoleón a la conmemoración de Austerlitz?». Y, como escribía Emilia, aquella mezquina decisión encendió los ánimos del juancarlismo contra Felipe: «Ha sido un acto de cobardía por parte de su hijo, que, sin darse cuenta, el muy torpe, ha puesto en marcha la segunda Transición, quizá la república». «Pero no han sido estos partidos de la izquierda republicana los que han querido borrar la imagen de don Juan Carlos del recuerdo histórico», apuntaba Raúl del Pozo. Fue su propio hijo, que ya empezaba a tener maneras y a enseñar la patita de los resentimientos contra su padre.

Su ausencia sorprendió al propio rey Juan Carlos que, para asistir a esta solemne conmemoración, «había reservado incluso la fecha en su agenda de actividades», según el periodista Rubén Amón. No con el ánimo de presidir el acto ni hacer competencia a su hijo, pero sí con el deseo de reencontrarse con los protagonistas políticos de aquellos comicios que lo acompañaron en el camino hacia la democracia. «Pero quien condujo el camión de la Transición fue el único, precisamente el único excluido», lamentaban en su entorno. Muchos se preguntaban cómo era posible que estuvieran todos los protagonistas de la Transición y sus descendientes, excepto el principal. La presidenta del Congreso intentó invitarlo, pero... la Zarzuela lo impidió. Sugirieron que podía ocupar el asiento central de la tribuna de invitados, acompañado por los expresidentes de Gobierno y del Congreso..., el mismo lugar que ocupó la reina Sofía el día de la proclamación de su hijo, a petición propia.

«Porque en los palcos de invitados del Congreso estaban hasta las nietas de la Pasionaria y a mí, que he sido el artífice de la Transición, se me ha excluido», fue el dolido comentario de don Juan Carlos.[41] Llevaba

41. Consuelo Font, «El Rey Juan Carlos, un Emérito olvidado en los momentos importantes», *El Mundo*, 1 de julio de 2017.

toda la razón porque en el Congreso ese día estaban Pablo Castellano, Javier Solana, Alonso Puerta, Marcelino Ortega, Enrique Múgica, Carlos Sanjuán, Jaime Ignacio del Burgo, Landelino Lavilla, Jerónimo Saavedra, Óscar Alzaga... Así hasta 81 exdiputados de la legislatura constituyente. También familiares de diputados constituyentes y los presidentes autonómicos Cristina Cifuentes (Madrid), José Ignacio Ceniceros (La Rioja) y Fernando Clavijo (Canarias). Asimismo los expresidentes Felipe González y José María Aznar, y familiares de los fallecidos Adolfo Suárez y Leopoldo Calvo Sotelo.

No era la primera vez que Felipe VI ninguneaba a su padre ante el mezquino y cobarde temor de que le robara protagonismo y entorpeciera su implantación como nuevo rey.

La compañera Consuelo Font recordaba que esto ocurrió con la proclamación de Felipe a la que, «para estupefacción general, don Juan Carlos no acudió, pero sí lo hizo doña Sofía [¡siempre tan solidaria con las cosas de su marido!], que se sentó en la tribuna de invitados con la infanta Elena».[42] Pero el mayor

42. *Ibid.*

ninguneo de Felipe a su padre se produjo cuando prohibió, en febrero de 2014, que se emitiera el documen-
tal que la televisión francesa había realizado bajo el
título *Yo, Juan Carlos I, rey de España*.

En palabras de Ignacio Camacho, «no fue el único
error de ese día planificado con criterio aciago im-
provisado, como si para el Estado constitucional su-
pusiera un engorro festejar su glorioso legado...,
su vergonzante alejamiento físico de esa escena que
se le condenó a presenciar por la tele. Como si la

Felipe VI, tras su coronación, junto a Letizia y sus hijas, Leonor y
Sofía, a la puerta del Congreso, saludando a las tropas que le rindie-
ron honores.

coexistencia de dos monarcas en el paisaje institucional fuera un problema enojoso para su hijo. Sus propios errores no debieron empañar su labor de conjunto, sobre todo el día en que se celebraba el aniversario del primer acto auténticamente democrático de su reinado».

El diario *El País* publicó en su editorial: «La Casa Real debía haber tenido en cuenta que, si no ponía en valor y defensa la figura y el legado del rey emérito, nadie lo hará y se acabará pagando el prestigio de toda la institución [como está sucediendo], cuya legitimidad está sostenida en gran medida sobre el importante papel que el rey Juan Carlos ha desempeñado en los últimos cuarenta años».

No era la primera vez que sucedía. Desde que el rey Juan Carlos abdicó, ha existido, por parte de su hijo, pero sobre todo de su nuera, una clarísima voluntad de apartarlo, como si de un apestado se tratara, y que se ha materializado cruelmente con la expulsión de su hogar y de su país hacia un exilio en Abu Dabi.

«El gesto de Felipe VI, desdichadamente personal, es de una sorprendente mezquindad institucional», según el gran Arcadi Espada, mezquindad que acabará pagando, digo yo. Felipe VI se olvidaba ese 1 de julio de 2017 de que era a su padre a quien prohibía estar presente en tan solemne conmemoración, como había prohibido el miserable de Carlos Arias Navarro a la reina Federica estar presente en el solemne acto de proclamación de su hija como reina consorte, el 22 de noviembre de 1975.

Él también sacrificó a su padre

Desconozco quién o quiénes fueron sus asesores, pero el rey debía conocer el artículo 991 del Código Civil: «Nadie podrá aceptar ni repudiar una herencia sin estar cierto de la muerte de la persona a quien haya de heredar». ¿Qué necesidad había de dar tres cuartos al pregonero? A lo peor, Felipe se sintió obligado a sacrificar a su padre, ¿para salvar la monarquía o salvarse él? Pero también don Juan Carlos sacrificó a su padre ¿por salvar la Institución o por salvarse él?

Fue el 15 de julio de 1969 cuando Franco llamó al entonces príncipe Juan Carlos a su despacho de El Pardo para comunicarle, así de sopetón, que había decidido nombrarle sucesor a título de rey.

—Necesito de vuestra alteza una respuesta inmediata.

—Mi general, debo poner a mi padre al corriente de sus intenciones...

—Preferiría que no lo hicierais.

—Mi general, yo no puedo mentir a mi padre y menos todavía ocultarle una noticia tan importante.

El propio don Juan Carlos contaba así a José Luis de Vilallonga cómo se había desarrollado tan dramático y trascendental momento, en el que se vio obligado a traicionar su padre:

Me miró en silencio unos segundos, con cara impenetrable. Después, me preguntó:

—Entonces... ¿qué decís, alteza?

No me dijo «Tomaos tiempo para reflexionar vuestra respuesta». No. Tenía que responderle allí, en seguida. Al fin había llegado el momento que yo tanto temía. De pie, frente al general, que esperaba imperturbable, hice un razonamiento muy sencillo, un razonamiento que ya había hecho a menudo para mis adentros. Ahora el envite principal no era saber quién iba a ser rey de España, si mi padre o yo. Lo importante era restaurar la monarquía en España.

—¿Que decís, alteza?

Tras unos instantes de silencio y titubeo al pensar

en la reacción de su padre, aceptó el ofrecimiento, convencido de que estaba en juego el futuro de la monarquía en España.

—De acuerdo mi general, acepto.[43]

¿Pudo pensar lo mismo Felipe VI cuando el Gobierno le exigió que echara a su padre de la Zarzuela y de España? ¿Pensó en la monarquía o pensó exclusivamente en él cuando traicionó a su padre, aceptando las exigencias de Pedro Sánchez y Pablo Iglesias, el 4 de agosto de 2020, como Juan Carlos aceptó en su día las de Franco?

De rey a «príncipe de Bel Air»

En La Angorrilla se tomó la fotografía de don Juan Carlos haciendo una barbacoa junto al hijo de su amante, Alexander. La finca es propiedad de Patrimonio Nacional y está considerada el nido de amor de la pareja. Esta imagen de un rey reconvertido en un «príncipe de Bel Air» escandalizó al mundo entero y dañó definitivamente la reputación del rey.

43. José Luis de Vilallonga, *op. cit.*

Dado lo que le está pasando últimamente a don Juan Carlos, sobre todo de un tiempo a esta parte, de lo que no existe la menor duda es de que su vida es un serial por fascículos. Hay que estar ciego o muerto para no experimentar ni asombro ni sorpresa al ver y leer todo lo que se publica sobre su vida. Cada capítulo es digno del eslogan circense «más difícil todavía».

El querido y admirado compañero Raúl del Pozo pensaba y escribía: «Juan Carlos es un rey trágico. Mató a su hermano y a sus dos padres: a don Juan, su padre verdadero, y a Franco. Tuvo una juventud espantosa. Le decían tonto en la Academia y Franco no le dejaba hablar con sus novias. Y traicionó sus principios para dar la libertad al pueblo español. Se convirtió en Mandela, en el referente más absoluto de la democracia española. Después, al final de su vida, como todos los Borbones y todas las Borbonas, le dio por el folleteo y ahí se perdió. Pero hizo un gran servicio al país. Al final, esa golfería, esa hombría libre contagió a España y es el gran valedor de la democracia. Ha sido el mejor rey que hemos tenido».[44]

44. Jesús Úbeda y Julio Valdeón, *No le des más whisky a la perrita. Vida y milagros de Raúl del Pozo*, Madrid, La Esfera de los Libros, 2020.

A lo largo de la vida de don Juan Carlos, sobre todo desde que lo conozco —que son ya muchísimos años—, he sido testigo de situaciones insólitas en las mayores intimidades —desnudo y en calzoncillos—, cuando estaba feliz y cuando se sentía desgraciado, divertido o malhumorado, estresado o relajado, con ganas de hablar o no contestar aunque le preguntaras o no quería siquiera ser preguntado.

Reconozco públicamente que las debilidades y los defectos de don Juan Carlos me alejan del rey en la medida en que me acercan al hombre. Y es del hombre en diferentes momentos de su vida, con todos sus defectos, que son muchísimos, de lo que yo escribo hoy, con el riesgo de que será difícil no ya admirarlo sino respetarlo. Sobre todo, después de la publicación de la imagen más degradante, vulgar, agresiva y humillante que se ha visto nunca habiendo habido tantas.

Era un hombre diez

Desde siempre don Juan Carlos figuraba en las tradicionales listas de los hombres más elegantes del mundo. Cierto es que siempre estuvo dotado de unas cualidades físicas envidiables.

La reina Federica, cuando su hija, la entonces princesa Sofía, se prometió en matrimonio con Juan Carlos, lo definió así en sus *Memorias*:[45] «Es muy guapo y apuesto. Alto, casi 1,90 m, con 54 de talla. Tiene el pelo rizado, que a las señoras mayores como yo nos gusta mucho. Tiene los ojos azules, las pestañas largas, es alto, atlético y cambia de vez en cuando y como quiere su encanto personal».

Si a esto se sumaba que era príncipe primero y rey después, tendremos la imagen perfecta del hombre diez. Nadie como él sabía vestir el festivo frac, pero cuando don Juan Carlos daba la talla de su elegancia natural era con sus trajes de diario, siempre a la medida, realizados por Luis López Larrainza, su sastre desde 1983, cuando le confeccionó el primero, un traje de franela gris que hoy el artesano

45. *Memorias de la reina Federica,* Madrid, G. del Toro Editor, 1971.

conserva con el forro de la chaqueta dedicado con un rotulador por el propio rey: «A Luis, como recuerdo del primer traje que me hiciste. Un abrazo. Noviembre de 1992».

Hasta esa fecha, la ropa civil la realizaba Antonio Collado López de Haro, en su taller de la calle Velázquez, y la militar, Martín Arana, en la calle Mayor. Pero el citado año de 1983, don Juan Carlos centraliza la confección de toda su ropa, la de calle, la de fiesta y los uniformes, en Luis López Larrainza, un profesional con cincuenta años de oficio a quien había conocido esquiando en Navacerrada.

Toda la ropa de su majestad se confeccionaba en el precioso taller de la calle Cedaceros de Madrid, un local de profundo estilo inglés, con olorosa tarima en los suelos y rica *boiserie* en las paredes. El sastre acudía a la Zarzuela para la última prueba, no más de una, cuando ya estaba la prenda terminada. Para la confección, don Luis se valía de un patrón con las medidas del soberano.

Nada que ver con el aspecto que ofrece en la polémica fotografía que ha destruido su imagen. «Cualquiera puede estar lleno de animación y de buen humor cuando va bien vestido», decía Charles Dickens. Por ello nadie se explica cómo pudo posar para Corinna con el aspecto con el que aparece en la famosa y triste fotografía en la barbacoa de La Angorrilla.

El Will Smith o el rey desnudo

Por todo esto y mucho más la opinión pública y no solo la española se ha quedado desagradablemente sorprendida al ver al rey Juan Carlos reconvertido en un vulgarísimo «príncipe de Bel Air», con esa gorra Trucker Cray con visera hacia atrás, popularizada por Will Smith, un hit de la tele de los noventa, como un gesto de mostrar un aire rejuvenecedor y horteramente espontáneo. Pero mucho más vulgares son sus bermudas de un amarillo chillón, camisa a cuadritos de manga corta, que no es precisamente un signo de distinción, así como esa barba de varios días y unas piernas llenas de manchas, junto al hijo de Corinna, Alexander Kyril, en una barbacoa asando... «chorizos» en La Angorrilla, la villa que don Juan Carlos habilitó para su amante, muy próxima a la presidencia real de la Zarzuela. «Ascenso y caída del antiguo rey Juan Carlos», titulaba el periódico alemán *Der Spiegel*.

Esta fotografía, que ha hecho más daño a la imagen de don Juan Carlos que el tema de los dineros en Suiza, me ha recordado a *El rey desnudo*, el cuento del danés Hans Christian Andersen, que yo leí de pequeño y al que Francisco Rosell, el gran director de *El Mundo*, se refería en un artículo titulado, precisamente «El rey al que han dejado desnudo»: «pero que quieren presentar como dignamente vestido aquellos que presumen de querer protegerlo. Sánchez e Iglesias, embaucadores del cuento de Andersen, que tuvieron engañado al monarca con aquella inexistente prenda hasta que un niño gritó: "¡Pero si está desnudo!"».

Los siete mayores excesos reales

En la vida de todo hombre, de todo ser humano, ha habido excesos.

Analizando la vida del rey emérito, encontramos siete situaciones críticas en las que su imagen ha quedado en entredicho, cuando no lesionada. Y no todas por culpa de las seis mujeres a las que se puede considerar con ese eufemismo de «amiga entrañable»: María Gabriela de Saboya, Olghina de Robilant, Bárbara

Rey, Marta Gayá, Sol Bacharach y la alemana Corinna Larsen, esta última la que mayor daño ha hecho a don Juan Carlos personalmente, a la familia real en general y a la institución, políticamente hablando. La fotografía de la barbacoa ha sido la gota que ha colmado la vida de excesos, de comportamientos deshonrosos e incompatibles con la ejemplaridad y la dignidad que exige la Corona.

La primera imagen insólita que rompió la que los españoles tenían hasta entonces se produjo el 7 de abril de 1993 en el monasterio de San Lorenzo de El Escorial durante el entierro de su padre, el conde de Barcelona. Aquel día y en aquel momento, el rey se quebró emocionalmente y rompió a llorar con desconsuelo. La muerte de don Juan irá siempre unida a las lágrimas de su hijo. Era como el grito que colmaba el vaso de tanto dolor reprimido por aquella traición a su padre, al aceptar ser heredero de Franco. Aquellas lágrimas pesaron más que cualquier palabra.

La segunda situación, nada que ver con la anterior, en la que la imagen del rey Juan Carlos quedó vulgarizada mundialmente por culpa de la periodista británica Selina Scott, que traspasó todos los límites, sin respeto al mínimo protocolo, poniendo en ridículo la imagen del rey, que acabó tirándola por la borda del yate *Fortuna*.

En mayo de 1995, la revista italiana *Novella 2000* publicó unas fotografías del rey Juan Carlos completamente desnudo mientras tomaba el sol sobre la cubierta de su yate, demostrando que el rey tenía la entrepierna bien amueblada. Ninguna publicación española se atrevió a ofrecerla a sus lectores. ¿Por respeto? ¿Por miedo a la censura? Estas imágenes indignaron hipócritamente al «fervor monárquico» y a los cortesanos juancarlistas.

El 10 de noviembre de 2007, durante la XVII Cumbre Iberoamericana de jefes de Estado en Santiago de Chile, el rey don Juan Carlos sorprendió al mundo entero cuando, visiblemente enojado, rompió todas las normas de educación gritando al presidente de Venezuela, Hugo Chávez: «¿Por qué no te callas?». El exabrupto real duró poco más de un segundo, pero sin imaginar que esas cinco palabras iban a generar un fenómeno reproducido en parodias de las televisiones de España y toda la América hispana.

Lo de la cacería de elefantes en Botsuana, principio del fin de don Juan Carlos como rey, se puso de manifiesto en la Clínica San José de Madrid. Después de ser operado de una rotura de cadera producida al caerse en el campamento, al ser dado de alta, el jefe de la Casa del Rey, Rafael Spottorno y el responsable de Comunicación, Javier Ayuso, se aprovecharon de la baja moral y física en que se encontraba el monarca para obligarlo, el 18 de abril de 2012, a una rectificación histórica cual si fuera un niño cogido en falta: «Lo siento mucho. Me he equivocado; no volverá a ocurrir».

El día en que se le cayó la corona

Una de las imágenes más dramáticas y patéticas de don Juan Carlos en presencia de las más altas autoridades del Estado y de toda la cúpula del Ejército español, incluido el arzobispo general castrense, la vio toda España por televisión el 6 de enero de 2014, con motivo de la Pascua Militar. Ese día, precisamente ese, se le cayó la corona. Era el día en que retomaba su agenda desde que le colocaron una prótesis en la cadera izquierda, el 21 de noviembre. Por ello, con ayuda de muletas y andar quebradizo, se aproximó al atril donde se encontraba el discurso institucional que iba a leer en el Salón del Trono, en medio de una calma tensa.

Última imagen de don Juan Carlos como monarca reinante antes de la abdicación, con la reina Sofía, el príncipe y Letizia, el triste 6 de enero de 2014, día de la Pascua Militar.

Balbuceando, cambiando las palabras, haciendo pausas intensas para coger aire, parecía perder el hilo en varios momentos. Su voz llegaba entrecortada y varios resoplidos se colaron durante la retransmisión televisiva. El rey ofrecía un lamentable espectáculo de incapacidad para leer con coherencia el discurso institucional, con lagunas fónicas, despistes y olvidos fraseológicos. Tropezando una y otra vez con las palabras trabadas. Cada línea era un obstáculo difícil de salvar. Se trataba, probablemente, del síntoma inicial de un posible proceso de demencia senil ante su familia natural, que es el mundo del Ejército, la suya propia y toda España.

El rey, lastrado por el cansancio que le había producido su viaje a Londres, de donde había regresado esa madrugada después de celebrar su 76 cumpleaños junto a Corinna, la mujer a la que seguía amando, se encontraba en un precario estado físico. Y los peores augurios se confirmaron. Fue el principio del fin. Desde su hijo hasta Felipe González y Alfredo Pérez Rubalcaba pensaron que había llegado la hora de... la abdicación. También la reina Sofía, que deseaba ver a Felipe convertido en rey. ¿Y qué decir de Letizia, que nunca sintió la menor simpatía por el real suegro? Ni este por la nuera. Lo mejor que decía de ella es que era «una chica muy lista», con toda la carga peyorativa de la palabra.

Por todo ello y mucho más, Corinna no miente y dice toda la verdad cuando en la entrevista de *Paris Match* recoge lo que don Juan Carlos le confesó con relación con su familia y sus problemas de salud.

Debilidad por su hijo

«Tengo dos frentes abiertos. El primero lo forman mi esposa y su séquito. Tiene prisa por poner a Felipe en el trono, porque tiene mucha más influencia sobre él que sobre mí», le dijo el rey a Corinna.

El amor de doña Sofía por su hijo no es de ahora ni de ayer, sino de siempre: Felipe ha sido su debilidad. No olvidemos que doña Sofía nunca lo ha ocultado, incluso lo pregonó públicamente durante los Juegos Olímpicos de Barcelona de 1992. En un momento

Un hecho insólito: el actual jefe de Estado y don Juan Carlos juntos en una Pascua Militar, la del 6 de enero de 2018.

determinado, la reina no se pudo contener y todo el amor y admiración por su hijo la expresó a Carlos Ferrer Salat, presidente del Comité Olímpico Español: «Yo estoy enamorada de mi hijo».

Y tiene sus motivos. Felipe siempre la ha defendido frente a su padre, a quien llegó a coger del cuello en uno de los violentos y frecuentes enfrentamientos del matrimonio. Porque donde reina la violencia, no hay más recurso que la violencia. Desgraciadamente, hay momentos en que la violencia es la única manera con la que se puede evitar más violencia.

La vida de Felipe no pudo ser fácil en medio de unos padres que no se querían. El rey no se contenía ni disimulaba, descargando toda su ira y su cólera real sobre aquellos a quien tenía más cerca, convirtiendo a doña Sofía en víctima de esa corta locura horaciana cuando le gritaba: «¡Te odio, te odio», como me reconoció el general Sabino Fernández Campo, testigo de uno de estos enfrentamientos que Felipe padeció durante los años en los que convivió a solas con sus padres, después de que sus hermanas se marcharan, primero Cristina a Barcelona y más tarde Elena con su boda.

Sucedió en Ginebra, donde el matrimonio real se encontraba para asistir a una importante reunión.

Escenario: el jardín del hotel en el que se alojaban y donde se dijeron de todo. La discusión fue tan violenta que todo el mundo pudo oír al rey gritarle a la reina: «¡Te odio!», y a ella responderle: «Aunque me odies no te puedes divorciar».

Como esta escena, el pobre Felipe debió de ser testigo en numerosas ocasiones a lo largo de los años en los que fue el único hombre en casa para defender a su madre. De ahí la pasión y el cariño de ella por su hijo, a quien correspondió apoyándolo el día que anunció la decisión de casarse con Letizia, mientras don Juan Carlos se oponía gritándole a Felipe cuando este le puntualizó que se trataba de una periodista... divorciada: «¡Te vas a cargar la Monarquía!».

Pero no olvidemos que los matrimonios reales han sido, son y serán tan felices e infelices, tan felices y desgraciados como los del resto de los mortales.

«¡Oh, dios mío! Han sido muy generosos»

Estas fueron las palabras que, según *El Confidencial*, exclamó un atónito don Juan Carlos, al conocer, el 8 de agosto de 2008, que el rey Abdalá de Arabia Saudí le había regalado cien millones de dólares en calidad de donación, siete días después de que el BOE publicara un acuerdo estratégico de colaboración con Riad y tres semanas después de que se celebrara en Madrid una conferencia de diálogo interreligioso que presentaba al régimen saudí como un país abierto y tolerante, pese a estar considerado una de las peores dictaduras del mundo, que, además, patrocina una visión extrema del Islam.

Este dinero salió del Ministerio de Finanzas de Arabia Saudí por orden del rey Abdalá, a quien don Juan Carlos concedió el collar de la Insigne Orden del Toisón de Oro.

Con motivo de esta cuantiosísima donación, sus asesores Dante Canonica y Arturo Fasana crearon, en Suiza, la Fundación Lucum.

Por todo ello, el fiscal del cantón suizo de Ginebra, Yves Bertossa, que ha emprendido una compleja investigación judicial contra don Juan Carlos, se equivoca a pesar de tratarse de un funcionario honesto, trabajador infatigable e investigador concienzudo y minucioso, según Manuel Cerdán, de *Okdiario*. Pese a todos estos magníficos antecedentes, se equivoca rotundamente cuando relaciona el cobro de los cien millones de la donación con supuestas comisiones por la adjudicación del contrato del AVE a La Meca a empresas españolas por un importe de 6.736 millones de euros.

Cierto es que los primeros dineros que don Juan Carlos tuvo en una cuenta corriente en Suiza fueron los de la herencia de su padre, el conde de Barcelona, dinero que repatrió para cedérselo a su hermana, la infanta Margarita.

Hay que dejar bien claro que esta cuenta corriente de la Fundación Lucum no se trataba de una estructura opaca ni ilegal, ya que el dinero que se ingresaba procedía de las donaciones y, años más tarde, de las supuestas comisiones recibidas de empresas españolas por la mediación del rey en la adjudicación del AVE La Meca-Medina, que no se produjo hasta octubre de 2011.

De este dinero disponía don Juan Carlos periódicamente para sufragar gastos personales no declarados de la familia real: 207.000 euros en enero de 2009; en marzo de ese año 205.000 euros y en junio 209.000 euros. Por ello, la estructura de esta cuenta corriente en Suiza era totalmente transparente y los dineros *pure gift* («puro regalo»). En modo alguno suponía un delito económico. Ni las donaciones recibidas ni las comisiones lo son.

En 2012, don Juan Carlos decidió cerrar la famosa cuenta Lucum porque, según su asesor Canonica, «no se sentía cómodo con la cuenta en un banco suizo».

Su error, su gran error, fue no declarar todos estos ingresos a la Hacienda Pública española, por lo que todo se reduce a un delito fiscal, subsanable pagando los impuestos correspondientes a todos estos ingresos recibidos y no declarados, amén de los intereses y sanciones pertinentes, como ha manifestado que va a hacer.

Letizia, ¿contenta?

Si en la triste ceremonia de la renuncia de don Juan, aquel triste 14 de mayo de 1977, que solo duró 15 minutos, había varias personas presentes que no podían disimular su satisfacción, en la abdicación de don Juan Carlos tanto Felipe, pero sobre todo Letizia, hicieron esfuerzos para no exteriorizar su alegría. En cambio, la reina —a diferencia de lo que ocurrió en la ceremonia de renuncia de su suegro—, a pesar de lo difícil que había sido su matrimonio y de las razones que tenía para odiar a su marido, no pudo disimular la emoción del momento. No hacía mucho tiempo que había declarado: «A un rey solo debe jubilarlo la muerte. Que muera en su cama. No es urgente reformar la Constitución. Ni el rey está cansado ni el príncipe impaciente. ¿Abdicar? ¡Jamás! El rey no abdicará jamás... Ni lo hemos hablado nunca. Se da por sobreentendido».[46]

El triunfo de Letizia

Se dice, se rumorea, que la decisión de expulsar al rey emérito de la familia y de la Institución ha sido de Felipe. Otros opinan que la culpa la tiene Letizia, ¡cómo no! La Casa, por su parte, asegura que ha sido decisión personal del rey Juan Carlos y que lo hizo para no interferir con las actividades de su hijo, para no eclipsarlo con su presencia. Absurdos razonamientos.

La figura de don Juan Carlos será siempre valorada al margen de las actividades de Felipe VI. Sí puede descansar, derecho tiene a ello, lo que no puede es, necesariamente, desaparecer de la vida pública. No es ni justo ni correcto subsanar con una simple carta

46. Pilar Urbano, *La reina muy de cerca*, Barcelona, Planeta, 2009.

de 228 palabras, en 24 líneas, cuarenta años de toda una vida. Pienso que la dolorosa y dramática decisión exigía algo más que una carta de compromiso, tras cuya lectura se advertía mucho dolor y mucha tristeza. Por no existir ya ni una Villa Giralda ni un Estoril; eso es lo que querían.

Quizá la única persona de millones de españoles que podría sentirse feliz con la desaparición definitiva de la vida pública del rey Juan Carlos, que siempre será rey, es, precisamente, su nuera, la consorte. Esta dramática y triste historia podría titularse: «El triunfo de Letizia».

Su última entrevista en el exilio

El 19 de junio de 2014, el rey Juan Carlos firmaba el triste documento de abdicación en el Salón de Columnas del Palacio Real de Madrid, el lugar que a su padre, el conde de Barcelona, le hubiera gustado para renunciar a todos sus derechos históricos y dinásticos, pero solo se le permitió hacerlo en un saloncito del palacio de la Zarzuela, en la más triste ceremonia que se recuerda. Podía haber sido peor, según me confesó don Juan en Villa Giralda, en la última

En la imagen superior, el dramático instante en el que don Juan Carlos firma el documento de abdicación ante la mirada seria de doña Sofía. Mientras, Letizia, en la imagen inferior, no puede ocultar la satisfacción que le producía este momento, donde vemos a don Felipe abrazando a su padre.

entrevista como jefe de la familia real en vísperas de viajar a Madrid, que se publicó en la revista *¡Hola!* el 28 de mayo de 1977.

«La borrasca atlántica que por aquellos días descargaba en España envolvía aquella tarde la residencial zona de Estoril. Hoteles y villas tenían un no sé qué de decadente tristeza. Las calles y avenidas que ascendían desde las arcadas del casino estaban solitarias y sombrías. Solo allá, arriba, Villa Giralda, con su espacio abierto, sus paredes encaladas y su macizo de flores amarillas en el centro del jardín, ponía su nota de color y de luz en la tarde portuguesa. A pesar de ello, el ambiente en la casa, una casa que me pareció más triste y solitaria que otras veces, no era precisamente una fiesta. Se vivía, se palpaba el trascendental momento que tendría lugar el día siguiente.

»Aunque en la puerta había un agente de policía uniformado —era la primera vez que yo lo veía— dentro, un pesado y profundo silencio lo envolvía todo.

»Desde el vestíbulo, presidido por un gran retrato del rey Alfonso XIII y una bandera española con la inscripción "Al rey don Juan...", hasta las habitaciones del segundo piso, donde la víspera del solemne acto de renuncia a los derechos históricos y dinásticos tuve el gran honor de ser recibido por don Juan de Borbón y Battenberg y su esposa doña María de las Mercedes de Borbón y Orleans, condes de Barcelona.

»Solo tres personas había en la casa esa tarde, solo tres: los marqueses de Cáceres, que estaban "de semana", y el secretario de don Juan. Nadie más.

»El hombre al que ha correspondido el desgraciadísimo papel de ser espectador de la realización de aquello de lo que debiera haber sido protagonista vivía las últimas horas en la penumbra augusta de su reinado en el exilio, a solas.

»No llegó a tanta humillación, aunque sí consiguió que la renuncia histórica se convirtiera en un acto familiar, porque del Gobierno solo asistió el ministro de Justicia, Landelino Lavilla, y el príncipe Felipe, que entonces tenía nueve años.»

Aunque el marco para la abdicación de don Juan Carlos era más solemne, el ambiente no era más festivo. Al menos para él. Con decir que el documento de la renuncia al trono allí se quedó, abandonado en la mesa sobre la que había estampado su firma... Lo advirtió la vicepresidenta del Gobierno, Soraya Sáenz de Santamaría. Al parecer, a nadie le interesaba. Solo que firmara, que abdicara y se marchara.

Al exilio

No hace mucho, el cínico Pedro Sánchez cargaba a Felipe VI con la responsabilidad de decidir el futuro de su padre, el rey Juan Carlos, que es lo mismo que decidir sobre el fin de la familia real. Con la salida del rey padre, deja de existir como tal. «Moncloa exigía apartar al rey emérito antes de negociar los presupuestos».[47] ¡Qué coño tenían que ver el rey y su padre para poner de acuerdo a los partidos para tan importante cometido!

Pedro Sánchez alegaba que «mientras Él [con mayúscula] residiera en la Zarzuela sería difícil pactar las cuentas con sus socios».

Hasta el prestigioso diario británico *The Economist* ponía toda la atención en la situación de don Juan Carlos, recordando que no sería la primera vez que un rey de la dinastía Borbón se marchaba al exilio. Los tres primeros Borbones que tomaron el duro camino del exilio fueron la reina regente María Cristina, el 17 de octubre de 1840; Isabel II, el 18 de septiembre de 1868, y el rey Alfonso XIII, el 14 de abril de 1931.

47. *El Mundo*, 27 de julio de 2020.

El exilio ha sido una constante en todas las monarquías. A lo largo de mi vida profesional he conocido y tratado a varios reyes que perdieron el trono. Atención especial, y por motivos personales, merece el exilio del sah de Irán. Días antes de ser derrocado por Jomeini, compartí una cena familiar en el palacio Niavaran de Teherán. Y cuando abandonó el país, el 16 de enero de 1979, lo seguí en aquel éxodo más que exilio, buscando un lugar no para vivir sino para morir. Pero nadie lo quería acoger. Primero Marruecos, donde el rey Hasan pretendió entregarlo a las autoridades de Irán. Tras pasar por las Bahamas, el presidente de México, José López Portillo, le permitió residir en Cuernavaca mediante una mordida de diez millones de dólares. Pero aprovechando una salida a un hospital del sur de los Estados Unidos, donde le permitían tratarse del cáncer linfático que padecía, el muy cerdo le comunicó por teléfono que no podía volver a México. Desesperado, viajó entonces a Panamá, en cuya isla Contadora se le permitió vivir. Pero el presidente Arístides Royo, al igual que había pretendido el rey de Marruecos, intentó negociar con Irán su entrega.

El sah tuvo que volver a huir, en esta ocasión hacia Egipto, donde su amigo el presidente Anwar el-Sadat, a quien nunca quiso comprometer ante Irán, aceptó acogerlo, aunque por poco tiempo, ya que, meses después, fallecería, concretamente el 27 de julio de 1980. El presidente egipcio le dio en el entierro tratamiento de jefe de Estado.

A Farouk, el último rey de Egipto, derrocado el 6 de octubre de 1952, se le debe una inteligente y premonitoria frase, que me gusta mucho recordar y que resume el destino de los reyes que han sido, son y serán: «No me importa haber perdido el trono porque, dentro de unos años, en el mundo solo quedarán cinco reyes: los cuatro de la baraja y la reina de Inglaterra».

¿Será Felipe el último rey de España? Quien no lo será nunca será Leonor.

Ni Juan Carlos ni Corinna han cometido delito alguno

No lo digo yo, sino la Fiscalía del Supremo, el viernes 30 de octubre de 2020, archivando el caso contra don Juan Carlos, ya que no se podrá imputar delito alguno contra él.

No ha pasado ni un mes desde que el fiscal del Tribunal Supremo, Juan Ignacio Campos, dijo que faltaba información en las diligencias sobre el eméri-to que abriría un abanico de posibilidades y, sin embargo, ha decidido archivar el asunto. Casualmente y un día antes, el 30 de octubre, el juez de la Audiencia Nacional, Manuel García Castellón, acordó también el archivo de la causa contra Corinna Larsen al «no existir elementos suficientes que permitan sostener la comisión de delitos que constituyen el objeto de la presente investigación, resultando procedente el archivo del procedimiento».

El juez García Castellón, que tenía pensado tomar declaración a Corinna para aclarar la causa, incluso en la Embajada de España en Londres, desistió al no ver indicios delictivos.

Yo siempre mantuve que iba a ser difícil, por no decir imposible, determinar que existieran indicios delictivos. Recibir donaciones, como las que don Juan Carlos recibió del rey de Arabia Saudí o los famosos 65 millones de euros que regaló a Corinna, no es delito. Tampoco las comisiones que presuntamente ha podido recibir de empresarios españoles, para los que consiguió grandes obras, como el AVE a La Meca, son un delito. Otra cosa es que tenga la obligación de declararlos a Hacienda y pagar los impuestos correspondientes.

Siempre he dicho que las comisiones que Franco le autorizó a cobrar al entonces príncipe Juan Carlos por sus gestiones ante el rey de Arabia durante la crisis del petróleo en el año 1973 no eran ilegales, pero sí una falta de ética. Lo mismo que ahora.

Aunque se haya «exonerado» (*sic*) al rey Juan Carlos y no se abra causa penal alguna en contra, moralmente tanto él como Corinna han quedado señalados de por vida como personajes inmorales, sin ética ni vergüenza alguna. La reputación de los dos ha quedado marcada para siempre.

Tarjetas opacas también para Sofía

Por más que uno quiera y lo pretenda, no se puede defender al rey Juan Carlos. Cada vez que lo intento, me quedo con el culo al aire como vulgar y expresivamente se dice.

Como escribía Luis Ventoso en *ABC*: «Él es un hombre muy humano para lo bueno y también para lo malo, y ha sucumbido a las dos tentaciones recurrentes del relato bíblico: el becerro de oro y la concupiscencia».

No hay duda de que la alegría dura muy poco en casa del pobre. También en la del rey, porque poco más de 24 horas después de que el Tribunal Supremo exonerara a don Juan Carlos de los presuntos delitos por comisiones y donaciones recibidas, la fiscal general del Estado, Dolores Delgado, abrió diligencias por las filtraciones del uso de tarjetas opacas para sus gastos y también para los de la reina Sofía, a nombre de terceros para sus gastos personales.

La investigación se abrió en 2019, a partir de unas diligencias en Anticorrupción provenientes de una alerta del Sepblac, la autoridad supervisora en materia de prevención del blanqueo de capitales. Según estas fuentes, la investigación giraría en torno al uso de unas tarjetas cuyos titulares se desconocen.

Esto recuerda las tristemente famosas tarjetas black de Caja Madrid, por las que hasta 64 personas muy conocidas —todos ellos consejeros de Caja Madrid y Bankinter (en total 86 directivos)— gastaron de forma indebida 15,5 millones de euros utilizando estas tarjetas de crédito. También don Juan Carlos y «varios de sus familiares», incluida la reina doña Sofía, utilizaron durante los años 2016, 2017, 2018 y 2019 unas tarjetas de crédito vinculadas a cuentas bancarias de las que no eran titulares. ¿Con conocimiento de su ilegalidad?

Un coronel del Ejército del Aire, Nicolás Murga, «muy próximo a don Juan Carlos como ayudante militar y uno de los guardianes de los secretos del rey», actuaba de intermediario entre el empresario mexicano Allen Sanginés-Krause, quien realizaba grandes donaciones de dinero a don Juan Carlos, de las que este disponía mediante esas tarjetas opacas sin declararlas a Hacienda. Después del pago, se le reintegraban las cantidades desde otras cuentas fuera de España. Pura ingeniería financiera.

Al parecer, con el uso de tarjetas de crédito opacas se ha conseguido poner bajo sospecha a toda la familia real. Con ellas se pagaban, presuntamente, los viajes de la reina Sofía a Londres, también eventos familiares, como cenas y celebraciones en las que participaban parientes de don Juan Carlos.

Según comenta Isabel Vega en *ABC*:

> En el fondo lo que subyace es que, una vez que se produjo la abdicación, la asignación anual del rey se redujo [y con ello] se redujo mucho el tren de vida que venía llevando como jefe del Estado, y algunas personas de su entorno lo ayudaban mediante donaciones o asumiendo gastos de viajes y estancia, gastos que don Juan Carlos no declaraba a Hacienda.

Lo más sorprendente es que, junto al testaferro mexicano, vuelve a aparecer el nombre de Corinna en un fallido fondo hispano saudí y el del rey como representante del grupo ruso Lukoil, en el asalto a Repsol en 2008, para el que se movilizaron 9.000 millones de euros por la compra de la petrolera.

¿También 50.000 dólares para Diana?

Todo el mundo lo supo porque lo contó Ken Wharfe, el guardaespaldas desleal. Ocurrió durante las vacaciones de los príncipes de Gales en Palma de Mallorca, en el verano de 1988. Diana le había comentado que pensaba que el rey Juan Carlos pretendía ligársela o al menos, como ella confesó, era «demasiado sobón» (*sic*).

El tema estalló cuando Diana se encontraba en la piscina de Marivent, bañándose y tomando el sol, mientras su marido, el príncipe Carlos, recorría la isla con sus pinceles y su caballete. Ella llamó a uno de sus guardaespaldas, el tal Ken Wharfe, que se alojaba en un hotel cercano al Palacio: «Ken, ¿podrías venir a verme, por favor? Es bastante importante».

El responsable de la seguridad de la princesa tardó apenas unos minutos en llegar a la piscina donde Diana lo esperaba con un bikini naranja tomando el sol en una tumbona.

«Esto es algo muy desagradable, Ken. Don Juan Carlos es tremendamente encantador, pero ¿sabes?, demasiado atento. Es una persona muy táctil. Se lo he comentado a mi marido y me ha contestado que me estoy comportando como una tonta. ¿Sabes una cosa? Creo que le gusto bastante al rey. Yo sé que suena un tanto absurdo, pero estoy segura de que eso es así», recordaba Marcos Torío, el periodista que más sabe de Mallorca y de las vacaciones reales, en su libro *Veranos en Mallorca*.[48] Resultan totalmente impropias de una princesa de Gales tales confidencias con un escolta; demostrado su categoría, era una pobre muchacha que había perdido el norte de su vida, la dignidad y hasta la vergüenza. Ni una cosa ni otra tenía cuando, en una relación sexual telefónica con un amigo, mientras se masturbaba, le preguntó: «¿Me quedaré embarazada?». Y qué decir cuando se supo que había acudido a su suegra, la reina

---

48. Marcos Torío, *Veranos en Mallorca,* Madrid, La Esfera de los Libros, 2010.

Isabel, para quejarse de que su marido no le hacía el amor.

Hoy, gracias a la reputada escritora americana Kitty Kelley, se ha sabido, por su libro *Los Windsor*[49] —su venta al parecer está prohibida en Inglaterra desde el año 1997—, que Juan Carlos envió a Diana, en 1993, 45.000 dólares que ella le pidió para frenar la publicación de unas comprometidas imágenes en las que aparecía haciendo ejercicios en un gimnasio de Londres, con mallas apretadas y posturas grotescas. Según la autora, lady Di pasaba por una época oscura, inestable y con problemas de bulimia e intentos de suicidio. Por ello acudía al gimnasio La Fitness, en el barrio londinense de Chelsea. Sus agentes de seguridad se quedaron en la puerta. Pero el propietario del local, Bryce Taylor, escondió una cámara cerca de uno de los aparatos donde Diana se ejercitaba y más tarde le hizo chantaje para no publicarlas. Fue entonces cuando ella acudió a don Juan Carlos, quien transfirió esa cantidad a la cuenta personal de la princesa. A pesar de todo, las fotos aparecieron en la portada del *Sunday Mirror*.

49. Kitty Kelley, *Los Windsor: Radiografía de la familia real británica*, Barcelona, Plaza & Janés, 1997.

De que a don Juan Carlos le habría gustado acostarse con Diana no existe la menor duda. ¿Lo consiguió? Se desconoce. Pero la historia de los 45.000 dólares pone una lógica duda sobre el tema.

El rey... habla

Con este libro a punto de entregar a mi editora, me llegan, por medio del querido compañero Esteban Urreiztieta de *El Mundo*, las primeras declaraciones a través del entorno más próximo de don Juan Carlos desde su exilio de Abu Dabi en las que se defiende, derecho tiene a ello, puntualizando:

PRIMERO: Que no es el propietario de ningún vehículo financiero ubicado en las islas del canal de la Mancha.

SEGUNDO: Que bajo ningún concepto ha ordenado movimientos bancarios con fondos fuera de España en plena investigación de la Fiscalía del Tribunal Supremo.

TERCERO: Rechaza por completo regularizar unos fondos que no reconoce como propios y de los que asegura no tener conocimiento.

CUARTO: Su estupefacción ante la alerta enviada

por Antiblanqueo a la Fiscalía Anticorrupción y que ha motivado las terceras diligencias abiertas contra él.

QUINTO: Que no es el responsable de ningún trust en Jersey y que no lo ha sido nunca ni de forma directa ni indirecta.

SEXTO: Tampoco ha dado instrucciones recientes para mover fondos en dicha jurisdicción en dirección a España.

SÉPTIMO: Que está deseando regresar a España y poner fin a su exilio en Emiratos Árabes.

OCTAVO: La cuestión que más le preocupa es cómo articular la logística para instalarse en España, barajando la opción intermedia de regresar durante un corto período de tiempo antes de su traslado definitivo.

OPINIONES EN FAVOR Y EN CONTRA DE JUAN CARLOS

José Álvarez Junco, escritor, historiador y catedrático de la Complutense:

«¿Qué necesidad tenía Juan Carlos I de cometer la serie de errores que lo han llevado a este lamentable final? Qué absurdo todo, qué vueltas da la vida, cuántas ha dado la de este personaje, qué variedad de papeles le ha tocado representar».[50]

Francisco Rosell, director de *El Mundo*:

«Cegado en aquellos días de vino y rosas, don Juan Carlos se olvidó del ejercicio de contención que había ejercitado desde su entronización. Creyó que todo le estaba permitido con la anuencia de un Gobierno que,

50. José Álvarez Junco «Recuerda que eres mortal», *El País,* 9 de agosto de 2020.

con la bandera de la regeneración, cayó en la degeneración de una corrupción institucionalizada».[51]

Arturo Pérez Reverte, periodista y escritor:

«El rey Juan Carlos, que pilotó la Transición y frustró el golpe de Estado que pretendía liquidarla, a quien debemos un reconocimiento político indudable, se había ido hundiendo en un cenagal paralelo de impunidad y poca vergüenza, de trinque oculto y bragueta abierta, hasta el punto de acabar convirtiéndose en principal amenaza contra su propio legado».[52]

José María Carrascal, periodista:

«Don Juan Carlos ya es historia y quien importa es don Felipe, cuyo proceder no tiene mácula. Y si no pueden cargarse a los padres los errores de los hijos, menos pueden cargarse a los hijos los errores de los padres».[53]

---

51. Francisco Rosell, «Dar jaque mate al rey con un peón», *El Mundo,* 8 de agosto de 2020.

52. Arturo Pérez Reverte, «Para qué necesito un rey», *XL-Semanal,* 16 de agosto de 2020.

53. José María Carrascal, «Juan Carlos I, Felipe VI», *ABC,* 1 de septiembre de 2020.

Cayetana Álvarez de Toledo, diputada del PP:
«Perded toda esperanza. No mandaréis la Transición al exilio».[54]

Macarena Olona, portavoz adjunta de VOX:
«El rey Juan Carlos se exilia. España se queda con Podemos. ¿Por quién doblarán ahora sus caceroladas?».

Esperanza Aguirre, expresidenta del Congreso:
«Los españoles nunca podrán agradecer todo lo que el rey Juan Carlos ha hecho por España».

Alfonso Guerra, exvicepresidente del Gobierno:
«Creo que esto [la salida del rey emérito] no se ha hecho bien... Se ha hecho seguramente con la intención de que todo esto fortalezca a la Institución, pero yo creo que no la fortalece. Porque en la conciencia popular que un hijo repudie a su padre, que lo saque de su casa, no es algo visto como generador de confianza».[55]

54. Cayetana Álvarez de Toledo, en Twitter, 3 de agosto de 2020.
55. Alfonso Guerra, declaraciones a la Cadena Ser, 19 de agosto de 2020.

Felipe González, expresidente del Gobierno:

Pidió «respeto a la presunción de inocencia» y advirtió que «no se puede olvidar la dimensión histórica de don Juan Carlos. Y su fantástico servicio durante décadas a España».

Javier Rupérez, académico de la Real Academia de Ciencias Morales y Políticas:

«Algunos de los comportamientos privados del hoy rey emérito son los que están dando lugar a poner en duda la ejemplaridad de su conducta, en lo que pueden estar cargados de razón... El legado de don Juan Carlos no puede servir como pretexto para alterar los principios democráticos de convivencia que bajo su reinado comenzaron a existir».[56]

Juan Carlos Rodríguez Ibarra, expresidente de la Junta de Extremadura:

«Ahora nos hemos enterado de que eran muchos los que sabían todo del rey Juan Carlos... ¿Por qué no levantaron la voz? ¿Por qué no lo hicieron? ¿Por cobardía? ¿Por miedo? ¿Por resultar simpáticos a quien

---

56. Javier Rupérez, «Juan Carlos I, rey de España», *ABC*, 3 de agosto de 2020.

ahora se trata de humillar? Felipe renegó de su padre para no perder su estatus... Pero es seguro que se convertirá en una persona poco fiable. Así pasará a la historia».[57]

Ignacio Camacho, periodista de *ABC:*
«Un gigante histórico de su altura no merecía acabar cargado de oprobio y de rechazo, como otro Borbón más en un destierro bien conocido por sus antepasados».[58]

Bieito Rubido, exdirector de *ABC:*
«Tal vez a don Juan Carlos le faltó ejemplaridad. Algo que debe ser consustancial con la propia Institución... Ahora bien, que nadie dude que está siendo víctima de una conjura de necios, donde se mezcla un policía corrupto, una supuesta princesa caracterizada por su banalidad y unos medios de comunicación que caminan al suicidio...»[59]

---

57. Juan Carlos Rodríguez Ibarra, «Saben tanto de corona como de coronavirus», *ABC,* 24 de julio de 2020.
58. Ignacio Camacho, «El Rey solo», *ABC,* 4 de agosto de 2020.
59. Bieito Rubido, «¡Viva el Rey!», *ABC,* 4 de agosto de 2020.

Isabel Díaz Ayuso, presidenta de la Comunidad de Madrid:

«Se me parte el alma ver a quien durante años ha sido rey de todos los españoles despojado de la presunción de inocencia, del agradecimiento debido a su legado histórico, incluso del mínimo respeto a su dignidad personal, hasta llegar al extremo de abandonar su propio país y poniéndose a disposición de la justicia, mientras que los que no han hecho nada por nadie le gritan "¡Cobarde, no huyas!" desde las redes manejadas por esos que llevan lustros urdiendo un plan para acabar, digámoslo de una vez, con España».[60]

Jaime Carvajal Urquijo, exsenador constituyente y empresario:

«Como amigo y compañero de colegio del rey emérito desde los nueve a los quince años... pregunto: frente al descalabro económico que se nos viene encima y los preocupantes rebrotes de la pandemia, ¿cuáles son las prioridades de Podemos? ¿Cuáles las de los nacionalistas? Si persisten en el intento de derrocar la monarquía en este crítico momento para España

60. Isabel Díaz Ayuso, «La Corona, entre el dolor y la esperanza», *ABC,* 5 de agosto de 2020.

en tantos frentes, solo cabe esperar que la historia, al igual que pondrá en su sitio el determinante papel jugado por Juan Carlos en la consolidación de nuestra democracia, retrate también el dañino oportunismo de estos. Y esto no se puede quedar en lo anecdótico».[61]

Tomás de la Quadra-Salcedo, catedrático y exministro de Justicia:

«Los hechos revelados sobre el rey emérito merecen rechazo y condena por parte de la ciudadanía, pero ni el nombre de don Juan Carlos ni su amor y aportaciones de relevancia para nuestra democracia y convivencia podrán ser olvidados por la historia».[62]

José María Ridao, escritor:

«No se han explicado suficientemente los motivos por los que don Juan Carlos debía abandonar su residencia, cuando no está incurso en ninguna causa judicial... Pero el daño que se ha infligido a su propia reputación es probablemente irrecuperable y eso es

61. Jaime Carvajal Urquijo, «Una democracia desmemoriada», *El País,* 8 de agosto de 2020.
62. Tomás de la Quadra-Salcedo, «La tentación nihilista», *El País,* 12 de agosto de 2020.

algo que le afecta a él como persona y como figura que, sin duda, tiene un lugar reservado en la historia».[63]

Javier Moreno Luzón, catedrático de Historia de la Universidad Complutense de Madrid:

«El monarca, que al parecer no comprendía lo que pasaba, vivía como un millonario cosmopolita mientras en España las grietas institucionales se ensanchaban en medio de una profunda crisis económica. En vez de disfrutar de su vejez como un patriarca respetado, decidió invertir toneladas de dinero junto a amistades tóxicas».[64]

Javier Gómez de Liaño, abogado:

«Don Juan Carlos, lo mismo que cualquier ciudadano, mantiene intacta la presunción de inocencia, cosa que Margarita Robles, magistrada y actualmente ministra de Defensa, se ha encargado de recordar».[65]

63. José María Ridao, «Razón institucional», *El País*, 15 de agosto de 2020.
64. Javier Moreno Luzón, «La Corona y los ciudadanos», *El País,* 2 de septiembre de 2020.
65. Javier Gómez de Liaño, «El rey sí tiene quien le defienda», *El Mundo*, 20 de agosto de 2020.

Antonio López Vega, director del Instituto Universitario de Investigación Ortega y Gasset (UCM):

«Hasta el incidente en Botsuana, don Juan Carlos era la personalidad pública más valorada y querida por los españoles».[66]

Jorge de Esteban, catedrático de Derecho Constitucional:

«Jaime Carvajal Urquijo, íntimo amigo del rey Juan Carlos desde la infancia, persona culta e inteligente, compañero mío de carrera, defiende la idea de que España es hoy una democracia gracias a la iniciativa del rey. Lo cual es evidente. Sin embargo, afirma que, desgraciadamente, nuestro país es una "democracia desmemoriada". Se refiere a que una parte del pueblo, los partidos y el Gobierno parecen ignorar, con sus ataques desmesurados a la presunta conducta irregular de los últimos años del reinado de Juan Carlos I, que fue el Monarca quien trajo la democracia a España sin sobresaltos, cuando podía haber ocurrido lo peor».[67]

66. «Juan Carlos en el laberinto español», *El Mundo*, 10 de agosto de 2020.
67. Jorge de Esteban, «La memoria de un desmemoriado», *El Mundo*, 24 de agosto de 2020.

Juan Van-Halen, escritor y miembro de la Real
Academia de Bellas Artes de san Fernando y de la
Real Academia de la Historia:

«Me ha producido desasosiego la falta de reacción
y de expreso apoyo a la monarquía parlamentaria, al
rey padre y a Felipe VI, por parte de políticos y expo-
líticos, asociaciones, fundaciones y empresarios. Estos últimos se han beneficiado de ambos titulares de
la Corona. Esto se llama ingratitud».[68]

Luis María Anson, miembro de la Real Academia
Española y columnista de *El Mundo:*

«Estoy seguro de que muchos lectores de *El Mundo* sienten, como yo, una inmensa tristeza por lo que
ha ocurrido en las últimas semanas con un hombre
que se merece el agradecimiento permanente del
pueblo español».

Sergio Vila-Sanjuán, Premio Nacional de Periodismo Cultural 2020 y autor del ensayo *Por qué soy
monárquico:*

---

68. Juan Van Halen, «Ingratitud, no olvido», *ABC*, 10 de agosto de 2020.

«Todo lo que ha salido es doloroso y desagradable. Pero de momento la justicia no ha dicho nada... Y si queremos tener una visión realista de lo que es la historia de un país, tenemos que hacer una diferenciación y no valorar igual lo que se ha hecho en el plano privado. Dicho de otra forma, no creo que las revelaciones sobre don Juan Carlos tengan que poner en duda su legado, lo conseguido en la Transición, en la construcción de la democracia y en ese gran consenso que fue la Constitución, cuya clave de bóveda es la monarquía. [...] Juan Carlos es un rey que ha abdicado. Hoy no es el rey de España. Esas conductas reprobables no afectan al rey actual. [...] La Casa Real lo que tiene que demostrar es que es útil y representativa. Tiene que estar donde tiene que estar, sin frivolidad y con seriedad».[69]

Jorge Verstrynge, expolítico y profesor:

«La monarquía está acabada. Hasta la reina madre está siendo investigada por delito fiscal. El rey Juan Carlos se cargó la monarquía y los discursos del actual rey ya no los ve nadie».

---

69. Sergio Vila-Sanjuán, «La monarquía en España puede salir reforzada de su actual crisis», *Religión Digital,* 14 de noviembre de 2020.

Carlos Espinosa de los Monteros, ex alto comisionado para la Marca España, abogado y economista del Estado acusa al actual Gobierno de «... intentar llevar a España hacia una República [...] y a Pedro Sánchez de una conducta innoble sin moderación para forzar una expulsión del país de un ciudadano que tanto ha hecho desde su juventud al servicio de España».[70]

Por último, más de setenta exministros de todos los gobiernos democráticos han decidido alzarse contra el tratamiento que está recibiendo don Juan Carlos a raíz de las informaciones publicadas sobre sus presuntos negocios, olvidando la presunción de inocencia. Entre los firmantes figuran, entre otros, Alfonso Guerra; los exministros Celestino Corbacho, Josep Piqué o Rodolfo Martín Villa, y la antigua vicepresidenta del Congreso, Ana Pastor.

---

70. Carlos Espinosa de los Monteros, «Yo acuso», *Asociación de Militares Españoles*, 31 de julio de 2020.

EPÍLOGO IMPOSIBLE

A este autor le gustaría finalizar la obra con el obligado epílogo pero, como el lector sabe muy bien, el des-
enlace, el destino de los protagonistas del libro y la
acción no están concluidos, el final es incierto. Después del punto final, varios miembros de la familia
real podrían ser o estar implicados. Todo es posible,
ya que tres son las investigaciones que se mantienen abiertas por los fiscales del Tribunal Supremo. Se
trata de una cadena cuyo último eslabón se desconoce.

La inefable Corinna ha reconocido en sus numerosas declaraciones que había tanto, tantísimo dinero en la Zarzuela que todos los miembros de la familia que lo necesitaban solo tenían que tomarlo,
según le contó el propio Juan Carlos. ¿Creíble, no
creíble?

De ese dinero, independientemente del uso de las tarjetas opacas, con las que se ha conseguido poner bajo sospecha a toda la familia real, según Eduardo Álvarez de *El Mundo*, utilizadas por todos, entre ellos la reina Sofía para sus innumerables viajes y hoteles de superlujo como el Claridge de Londres. Hasta la polémica nieta Victoria Federica, hija de la infanta Elena y Jaime de Marichalar, parece haberse aprovechado económicamente, logrando debutar como amazona en 2016 en competiciones hípicas con una yegua, regalo de su abuelo materno, valorada en 10.000 euros, adquirida en 2015 a la cuadra española Maihorses, especializada en el comercio de caballos. La fecha es importante porque los hechos se habrían producido tras la abdicación del rey en 2014.

¿Y quién costeó las vacaciones (casi) secretas en agosto de 2019, cuando Felipe, Letizia y las niñas desaparecieron de Palma de Mallorca —«porque no es un lugar ideal para unas vacaciones», en palabras de doña Letizia—, en busca de otros paraísos, como los de la Costa Azul francesa, donde contrataron una goleta y su correspondiente tripulación, y navegaron por el Adriático hasta Croacia? ¡Un pastón!

Según el ilustre jurista y paisano mío, Antonio Jiménez-Blanco Carrillo de Albornoz, en su artículo

«Democracia y Monarquía»: «Las noticias que se van conociendo desde 2018 acerca de las trapisondas económicas de Juan Carlos durante su largo reinado (1978-2014) han tenido como consecuencia que el viejo debate monarquía-república vuelva al primer plano. Quienes afirman que la primera resulta incompatible con la democracia ("el gobierno del pueblo": no cabe nada más maravilloso) se han encontrado con un verdadero regalo del cielo: les ha pasado por la puerta un tren con el que no contaban y, por supuesto, se han subido a él. En su discurso, los argumentos abstractos aparecen, sin embargo, entreverados con otros privativamente españoles y la diana se pone, según los casos, en "los Borbones" [...]. En resumidas cuentas, que a los que critican a la monarquía con invocación del principio democrático (una posición por supuesto perfectamente lícita, porque el pensamiento es libre, solo faltaba), se les podría responder aquello de "Menos lobos, Caperucita" [...]. No solo resulta injusto poner a la Corona como chivo expiatorio, sino que el debate desatado en agosto entre monarquía y república tiene mucho de *macguffin* (por impresentable e indefendible que haya sido la conducta económica de Juan Carlos y la imperiosa necesidad de hacer todo lo posible para que no se repita, entre otras razones porque aquí la ejemplaridad es vital y así hay que dejarlo dicho si acaso quedara duda alguna)».

Ya lo dijo el conde de Barcelona: «La razón de la existencia de la monarquía es que todos sus miembros sean ejemplares». Y en la familia real española, no todos lo han sido, empezando por el titular de la Corona y sus descendientes. Cierto es que no solo la conducta pública y privada de don Juan Carlos ha contribuido al deterioro de la institución. También la de sus hijas y hasta la de sus nietos.

Y con respecto a Felipe VI, ¿qué decir? Para empezar, se equivocó aliándose con Pedro Sánchez para expulsar a su padre, primero de la Zarzuela, su hogar, y después de su país, España, sin tener en cuenta la obligada presunción de inocencia.

¡Cuidado, Felipe! Sánchez e Iglesias no van contra ti, sino... contra la institución.

Con este libro ya prácticamente en imprenta, yo publicaba en *El Mundo* el siguiente artículo que, por su importancia, resume la situación del rey Juan Carlos en el exilio de Abu Dabi.

Lágrimas de sangre...

... debe de haber derramado Felipe ante la contemplación de la dramática imagen de su padre, sin equilibrio propio, arrastrado, más que sostenido, por dos escoltas, y sin corbata durante un paseo por el pequeño puerto deportivo de Abu Dabi, donde está confinado, desterrado por decisión ¿de su hijo?, ¿del presidente?

«Lejos de su país, sin indicación de plazo para el regreso y termine un escarmiento prematuro, injusto y excesivo», como lo califica Luis Sánchez-Merlo en un valiente y coherente artículo con el elocuente título «Derecho de retorno del Emérito».

Con el pleno derecho que lo asiste como español y ciudadano beneficiario de los derechos que contempla la Declaración Universal de los Derechos Humanos como es regresar a su país, impedírselo «tiene más que ver con la venganza ideológica, inadmisible en nuestro Estado de Derecho», recuerda Sánchez-Merlo.

¿La venganza de doña Sofía?

¿O la venganza personal de todos y todas las personas que celebraron con indiferencia el cruel abandono de su hogar y de su país? Marchándose de vacaciones a Palma, doña Sofía fue sorprendida ese día comprando cremas en el departamento de perfumería del Corte Inglés. Ella, que tanto influyó en la abdicación de su marido, anteponiendo el papel de madre y de abuela al de reina, contradijo lo que siempre había afirmado: «Mi vida es la vida del rey. No tengo otra vida. Yo, por mi sola, sería princesa de Grecia». Como su hermana. Que es lo que no quiere ser. Posiblemente por ello, y a pesar de todo, no ha querido jamás divorciarse teniendo tantos motivos para ello. El hombre más leal que don Juan Carlos ha tenido en su vida me narró, el día en que la palabra «divorcio» salió en una de las numerosas y frecuentes broncas del matrimonio de las que fue testigo, esto: «¡Te odio!, ¡te odio!», le gritó el rey. «¡Jódete, que no te puedes divorciar!», le respondió doña Sofía con ese lenguaje coloquial en palacio (en la intimidad, claro está).[71]

71. Jaime Peñafiel, *Retrato de un matrimonio*, Madrid, La Esfera, 2008.

A pesar de todo esto, doña Sofía declaraba cínicamente a mi querida compañera Pilar Urbano para su libro *La reina*: «El rey es él. Lo mío es ayudar, lo mío es servir».[72] Más bien ha sido que no, señora. Cierto es que se ha prestado en no pocas ocasiones al paripé de falsas reconciliaciones, olvidando agravios e infidelidades con las «bárbaras», las «damas gaya» y las «corinnas», poniendo en práctica las palabras de san Agustín: «Si callas, callarás con amor; si lloras, llorarás con amor; si corriges, corregirás con amor y si perdonas, perdonarás con amor».

El divorcio

En el proyecto de renovación de la Corona sería bueno incluir el divorcio que la Carta Magna no contempla, a pesar de que en la familia real existen miembros divorciados, como la infanta Elena, que, el 26 de noviembre de 2009, materializaba su divorcio de Jaime de Marichalar, después del «cese temporal de convivencia» a partir del 13 de noviembre de 2007. Este gesto de «plebeyización», que se producía por primera

72. Pilar Urbano, *La Reina*, Barcelona, Plaza y Janés, 1996.

vez en la Casa Real española, ayudó a que Felipe pudiera casarse sin problemas, en 1999, con una divorciada como Letizia Ortiz. Por todo ello, no solo vale que la Constitución contemple la posibilidad de que los reyes se queden viudos, sino que también puedan divorciarse. Como el rey Juan Carlos le gritó a su hijo en el verano de 2013, tras una gran pelea de Felipe y Letizia, la cual abandonó Mallorca en solitario para regresar a Madrid, dejando a sus hijas en Marivent. Posiblemente, esta haya sido la crisis más rotunda y oficial del matrimonio. Al menos, la que más ha trascendido. Pienso que también las hubo después de la agresión verbal y gestual de Letizia contra su suegra a las puertas de la catedral de Palma, el sábado 7 de abril de 2018, después de la misa de Pascua.

¿La Mareta?

Cuando Almudena Martínez-Forner recuerda en *ABC* que uno de los problemas para el regreso de don Juan Carlos «parece que sigue siendo la búsqueda de una vivienda adecuada», menciona La Mareta que, como el lector sabe muy bien, fue un regalo personal de su íntimo amigo, el rey Husein de Jordania. Pero, como doña Sofía contó a Pilar Urbano, «era demasiado cara de mantener y encima pagar impuestos y, el día de mañana, los impuestos de transmisión para regalársela a los hijos. Por ello se la cedimos al Patrimonio Nacional, que corre con todos los gastos». Una declaración ingenuamente cínica, ya que es reconocer lo cómodo y barato que resulta disfrutar de bienes como si fueran de ellos, pero que son del Estado y los pagan todos los españoles. Como el Pabellón del Príncipe, donde hoy viven Felipe y Letizia, que costó más de cinco millones de euros, pagados con dinero público.

Como escribe Sánchez-Merlo: «Injusto porque carece de sentido de proporcionalidad que hoy se esté acercando a sus casas a condenados por gravísimos delitos y no se facilite la libre circulación a quien fue el motor de la restauración de la democracia. [...] Lo que ha aportado al país pesa mucho más en la balanza que el cúmulo de desafueros cometidos y aún no explicados... aunque el destino no sea Zarzuela. Sería una venganza que acabase sus días fuera del país». Si tal cosa sucediese... lágrimas de sangre derramarán no solo su hijo, sino también la todavía su esposa, si es que a doña Sofía aún le queda algún sentimiento hacia el hombre que la hizo reina.

ÍNDICE ONOMÁSTICO

CRÉDITOS DE IMÁGENES

Las siguientes fotografías han sido cedidas por el autor: páginas 9, 19, 21, 22, 24, 25, 27, 28, 29, 30, 41, 56, 68, 70, 72, 73, 81, 87, 104, 116, 207, 212 y 213.

Los derechos de imagen de las demás fotografías del libro pertenecen a las siguientes agencias:

Página 15: © agencia EFE
Páginas 76, 111, 131, 232, 237, 251 y 261 (abajo): © Getty Images
Página 253: © Gtres
Página 261 (arriba): © Corbis

Si te ha gustado este libro,
no te puedes perder este otro título
del mismo autor:

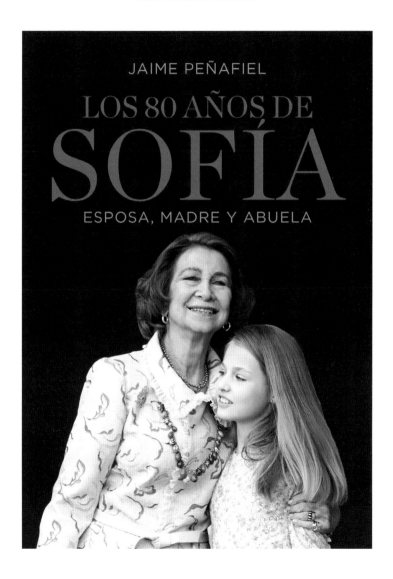